JN000237

◆はじめての人でも大丈夫!◆

最新 個人開業・青色申告の基本と手続き 実践マニュアル

公認会計士・税理士 **武田 守** 監修

三修社

はじめに

　令和2年目となる2020年は、世界共通の一大イベントであるオリンピックが中止となる程の歴史に残る年となりました。昨今、働き方改革といわれ、企業や個人が各自で少しずつ取り組んできたと思われた対応が、新型コロナウイルスの影響により、時差通勤、在宅勤務、テレビ会議や遠隔でのコミュニケーションなど、その取り組みに十分な検討時間もなく、良くも悪くも急速な転換を余儀なくされました。

　このような転換期の過程で、個人レベルでは働き方だけではなく普段の衣食住の生活まで、さらに平たくいえば収入の得方やお金の稼ぎ方までも改めて考え直すきっかけになったことと思います。会社員であれば、たとえば今後は会社に頼らずに自ら稼いでいくために事業を行う、あるいは生活のためにお金を稼いでいく手段として副業を行うなど、より一層お金の稼ぎ方の多様化が進んでいくことでしょう。経済産業省のWebページでも、兼業・副業、テレワーク、フリーランスなどを含めた、多様で柔軟な働き方を自由に選択できる社会へ向けての支援策が紹介されています。

　本書は、個人で事業を行う、あるいはこれから行おうと考えている方々を対象にした入門書です。個人開業をするための各種の届出、会計や所得税を中心とした税務の知識、支払う税金の計算方法や税務申告書の書き方などを説明しています。また、事業で発生した出費を経費として落とし、節税するために必要な領収書の知識やその管理・運用方法、事業拡大に伴う事務所の移転や、会社形態への移行の際などに行う個人事業廃止の手続きまで掲載しました。

　本書をご活用いただき、皆様のお役に立てていただければ監修者として幸いです。

監修者　公認会計士・税理士　武田　守

Contents

第2章　簿記の基本と帳簿記帳のポイント

第5章　領収書作成の基本と管理の知識

第6章　事業所の移転・廃業の手続きと書式

第7章　確定申告のしくみと申告書の書き方

第 1 章

開業する際の届出と
青色申告の基本

1 個人事業について知っておこう

先入観にとらわれず自分の状況に合った選択をする

どんな形態で事業をはじめるか

　事業をはじめる際には事業計画、収支計画、資金繰りなど、さまざまなことを検討しなければなりません。事業開始にあたり重要な問題になるのが個人で事業を行うのか、それとも法人を設立して事業を行うのかという点です。法人とは株式会社や合同会社をイメージしておけばよいでしょう。

　個人事業の開業には、以下に挙げるようなメリットがあります。

①　開業の手続きが簡単

　たとえば、株式会社を設立する場合、税務署等への届出書を提出する前に会社の設立登記のため法務局に登記申請書類を提出し、審査を受ける必要があります。そのためには会社法で決められている手続きが必要になりますが、「定款」「払込証明書」「就任承諾書」などの専門的な書類を作成し、「定款」については公証役場で認証を受ける必要があります。これらの手続きには税金や認証手数料等に約25万円程度かかります。専門家に手続きを依頼すればさらに報酬を支払うことになります。

　一方、個人が開業する場合、株式会社のような登記は必要ありません。本人のみで開業するときは税務署に「個人事業の開廃業等届出書」、都道府県の税事務所と市区町村役場に「事業開始等申告書」を提出するだけです。また、これらの書類の提出には税金や手数料などの費用はかかりません。

②　開業後の手続きが簡単

　株式会社の場合、厳密な方法である「複式簿記」による経理が要求

されていますが、個人事業の場合はより簡単な方法を選択することができます。また、株式会社の場合、役員の任期満了時や重要な事項を決定する場合には株主総会等の決議が必要になります（議事録の作成が必要になり、役員についてはさらに登記が必要です）が、個人事業の場合には必要ありません。

③　小規模な場合にはコスト面で有利

　株式会社の場合、赤字であっても毎年支払う必要がある住民税の均等割は7万円（資本金の額が1000万円以下、かつ従業員数が50人以下の場合）ですが、個人事業の場合は5,000円程度です。

　また、個人事業の場合、税務署に青色申告申請すると青色申告特別控除額（10万円、55万円または65万円）が認められる部分には税金がかかりませんが、株式会社が青色申告を申請してもそのような控除はありません。

　社会保険（健康保険、厚生年金）についても、株式会社は社会保険の加入が強制されるので、会社が従業員の社会保険料の半額を負担します。一方、一定の小規模な個人事業では従業員の社会保険の加入が強制されないので、経営者が従業員の社会保険料の半額を負担することはありません（各自が国民健康保険、国民年金に加入します）。

個人開業する場合の注意事項

　個人事業の場合、事業主は取引相手（債権者）に対して無限の責任を負います。

　一方、株式会社の場合、株主は、出資した額以外に債権者に対して責任を負うことはありません。また、一般的には個人事業よりも株式会社のほうが対外的な信用もあるため、金融機関からの融資も受けやすくなります。

　先入観にとらわれず、それぞれの形態のメリットを冷静に見極め、自分の状況にあった選択をすることが大切です。

開業するときの税金関係の届出について知っておこう

従業員を雇った場合の手続きには注意する

個人開業における税金関係の届出書類の種類

個人で開業する場合、以下の届出が必要です。

・**個人事業の開廃業等届出書**

新たに事業開始する場合、事業を始めることを知らせるために、管轄の税務署へ「個人事業の開廃業等届出書」を提出する必要があります。提出期限は事業を開始した日から1か月以内です。

なお、従業員を雇用する場合は、「給与等の支払の状況」欄に、人数や支払方法、源泉徴収の有無を忘れずに記入しましょう。

・**青色事業専従者給与に関する届出書**

青色申告の承認を受ければ、家族従業員（専従者）に給与を支払うこともできます。その場合、「青色事業専従者給与に関する届出書」を、経費に算入しようとする年の3月15日までに提出します。ただし1月16日以後に開業した場合は、開業の日から2か月以内に提出する事になります。届出の範囲内の額に限り、支払った給与が必要経費として認められます。

・**所得税の棚卸資産の評価方法・減価償却資産の償却方法の届出書**

棚卸資産の評価額の計算や減価償却の計算については、特に届出をしなかった場合、税法で定められた計算方法を採用しなければなりません。たとえば減価償却（132ページ）では、所得税における法定償却方法は旧定額法または定額法ですが、定率法による届出を行うことにより、早く費用に変えることができ、一般的には納税者に有利になります。これらの届出は、届け出た計算方法を採用する年の確定申告の期限までに提出します。

・所得税の青色申告承認申請書

　青色申告を行う場合、「青色申告承認申請書」の提出が必要です。最初に青色申告をしようとする年の３月15日までに管轄の税務署に申請しなければなりません。ただし１月16日以後に開業した場合は、開業の日から２か月以内に提出する事になっています。

・事業開始等申告書

　個人事業を開業した場合には個人事業税などの支払いが必要になるため、個人事業を開始したことを地方自治体に申告します。東京都23区の場合、事業所を設けた日から15日以内に、都税事務所に「事業開始等申告書」を提出します。

従業員を雇用する場合

　新たに従業員を雇用して給料を支払う場合、１か月以内に「給与支払事務所等の開設届出書」を所轄税務署に提出する手続きが必要です。個人事業者の場合、開廃業等届出書に従業員に関する記入欄が設けられているため、この届出書の提出は通常では不要です。ただし提出を求められる場合もありますので事前に確認しておくとよいでしょう。また、開業時には事業主１人で活動しており、事業が軌道に乗ってから事務員を雇うケースなど、開業と従業員の雇用の時期が異なる場合は、個人事業の開廃業等届出書に「給与等の支払状況」を記載していないため、給与支払事務所等の開設届出書の提出が必要となります。

　源泉徴収（従業員の税金を給料から天引きして納めること）した所得税は、基本的にその徴収の日の属する月の翌月10日までに、つまり毎月国に納付しなければなりません。しかし、給与の支給人員が常時９人以下の場合には、特例により、半年分をまとめて納付する方法が認められています。この特例を受けようとする場合には「源泉徴収の納期の特例の承認に関する申請書」を提出します。

消費税はどのような場合に課税されるのか

　消費税は、国内で物を購入する、サービスの提供を受けるという行為（消費行為）について課税される税金です。ただし、事業者のうち、その課税期間の基準期間（その年の前々年のこと）における課税売上高が1000万円以下であるなど、一定の事業者については、その課税期間の消費税の申告・納税は免除されます。事業開始初年度及び2年目は、基準期間における課税売上高がないため免税事業者になります。

　また、事業開始初年度の1月1日から6月30日までの期間（特定期間）の課税売上高または給与等の支払い合計が1000万円を超える場合は事業開始2年目では課税事業者に該当します。なお、事業開始初年度の7月1日から12月31日の間に開業した場合は、2年目においては特定期間による判定はありません。

■ 個人が新たに事業をはじめた時の申告所得税についての届出 …

税目	届出書	内容	提出期限
申告所得税	個人事業の開廃業等届出書	事業の開廃業や事務所等の移転があった場合	事業開始等の日から1か月以内
	所得税の青色申告承認申請書	青色申告の承認を受ける場合（青色申告の場合には各種の特典がある）	承認を受けようとする年の3月15日まで（その年の1月16日以後に開業した場合には、開業の日から2か月以内）
	青色事業専従者給与に関する届出書	青色事業専従者給与を必要経費に算入する場合	青色事業専従者給与額を必要経費に算入しようとする年の3月15日まで（その年の1月16日以後開業した場合や新たに事業専従者を使いだした場合には、その日から2か月以内）
	所得税の棚卸資産の評価方法・減価償却資産の償却方法の届出書	棚卸資産の評価方法および減価償却資産の償却方法を選定する場合	開業した日の属する年分の確定申告期限まで

個人事業の<del>開業・廃業等</del>届出書　　　　　1 0 4 0

税務署受付印

納税地	○住所地・○居所地・●事業所等(該当するものを選択してください。) (〒 144 - ○○○○) **東京都大田区××××○-○-○** (TEL 03 -××××-××××)
上記以外の 住所地・ 事業所等	納税地以外に住所地・事業所等がある場合は記載します。 (〒　-　) (TEL　-　-　)
フリガナ 氏　名	ニシグチ　ユキオ **西口 幸雄** ㊞	生年月日 ○大正 ●昭和 ○平成 ○令和 **48** 年 **3** 月 **1** 日生
個人番号	× × × × ＼ × × × × ＼ × × × ×
職　業	**不動産業**	フリガナ ニシホーム 屋 号 **西ホーム**

大田 税務署長

2 年 **4** 月 **6** 日提出

個人事業の開廃業等について次のとおり届けます。

届出の区分	●開業(事業の引継ぎを受けた場合は、受けた先の住所・氏名を記載します。) 住所 **東京都大田区××××○-○-○**　　　氏名 **西口 幸雄** 　事務所・事業所の(○新設・○増設・○移転・○廃止) ○廃業(事由) 　(事業の引継ぎ(譲渡)による場合は、引き継いだ(譲渡した)先の住所・氏名を記載します。) 　住所　　　　　　　　　　　　　　　　　氏名
所得の種類	○不動産所得・○山林所得・●事業(農業)所得〔廃業の場合……○全部・○一部(　　　)〕
開業・廃業等日	開業や廃業、事務所・事業所の新増設等のあった日　**令和2** 年 **4** 月 **1** 日
事業所等を 新増設、移転、 廃止した場合	新増設、移転後の所在地　　　　　　　　　　　　(電話) 移転・廃止前の所在地
廃業の事由が法 人の設立に伴う ものである場合	設立法人名　　　　　　　　　　　　代表者名 法人納税地　　　　　　　　　　　　　設立登記　　　年　　月　　日
開業・廃業に伴 う届出書の提出 の有無	「青色申告承認申請書」又は「青色申告の取りやめ届出書」　　　　●有・○無 消費税に関する「課税事業者選択届出書」又は「事業廃止届出書」　　●有・○無
事業の概要 できるだけ具体 的に記載します。	**賃貸不動産の仲介**

給与等の支払の状況	区　分	従事員数	給与の定め方	税額の有無	その他参考事項
	専従者	**1** 人	**月給**	●有・○無	
	使用人	**1** 人	**日給**	●有・○無	
	計			○有・○無	
	源泉所得税の納期の特例の承認に関する申請書の 提出の有無	●有・○無	給与支払を開始する年月日	**令和2** 年 **4** 月 **24** 日	

関与税理士 (TEL　-　-　)	税務署整理欄	整理番号	関係部門 通　給	A	B	C	番号確認	身元確認
		0						□ 済 □ 未済
		源泉用紙 交　付	通信日付印の年月日	確認印	確認書類 個人番号カード/通知カード・運転免許証 その他(　　)			
			年　月　日					

書式　青色事業専従者給与に関する届出書

税務署受付印

青色事業専従者給与に関する　●届　　出　書
　　　　　　　　　　　　　　　○変更届出

| | | | | | 1 | 1 | 2 | 0 |

_____大田_____ 税務署長

2 年 4 月 6 日提出

納税地	○住所地・○居所地・●事業所等(該当するものを選択してください。) (〒 144 - ○○○○) **東京都大田区××××○-○-○** (TEL 03 - ×××× - ××××)
上記以外の 住所地・ 事業所等	納税地以外に住所地・事業所等がある場合は記載します。 (〒 -) (TEL - -)
フリガナ 氏　名	ニシグチ ユキオ **西口 幸雄** ㊞	生年月日	○大正 ●昭和 ○平成 48 年 3 月 1 日生 ○令和
職　業	**不動産業**	フリガナ 屋号	ニシホーム **西ホーム**

平成 2 年 4 月以後の青色事業専従者給与の支給に関しては次のとおり　●定　め　た
　　　　　　　　　　　　　　　　　　　　　　　　　　　　　　　　○変更することとした
ので届けます。

1　青色事業専従者給与（裏面の書き方をお読みください。）

	専従者の氏名	続柄	年齢 経験 年数	仕事の内容・ 従事の程度	資格等	給　料		賞　与		昇給の基準
						支給日	金額（月額）	支給期	支給の基準（金額）	
1	西口京子	妻	40歳 0年	記帳業務,販売事務 毎日5時間従事	簿記 3級	毎月 25日	200,000 円	6月 12月	1.5か月分 1.5か月分	使用人の昇給 基準と同じ
2										
3										

2　その他参考事項（他の職業の併有等）

3　変更理由（変更届出書を提出する場合、その理由を具体的に記載します。）

4　使用人の給与（この欄は、この届出（変更）書の提出日の現況で記載します。）

	使用人の氏名	性別	年齢 経験 年数	仕事の内容・ 従事の程度	資格等	給　料		賞　与		昇給の基準
						支給日	金額（月額）	支給期	支給の基準（金額）	
1	東田紀子	女	25歳 0年	営業,販売事務 毎日6時間従事		毎月 25日	240,000 円	6月 12月	1.5か月分 1.5か月分	毎年おおむね 5%
2										
3										
4										

※ 別に給与規程を定めているときは、その写しを添付してください。

関与税理士

(TEL - -)

税務署整理欄	整理番号	0					関係部門 連絡	A	B	C
	通信日付印の年月日					確認印				
	年 月 日									

16

書式　給与支払事務所等の開設届出書

※整理番号 □□□□□□

給与支払事務所等の（開設）・移転・廃止届出書

令和 2 年 4 月 6 日

大田 税務署長殿

所得税法第230条の規定により次の
とおり届け出ます。

事務所開設者	住所又は本店所在地	〒144-○○○○ 東京都大田区××××○-○-○ 電話（ 03 ）××××-××××
	（フリガナ）	ニシホーム
	氏名又は名称	西ホーム
	個人番号又は法人番号	×××× ×××× ××××
	（フリガナ）	ニシグチ　ユキオ
	代表者氏名	西口　幸雄　㊞

（注）　「住所又は本店所在地」欄については、個人の方については申告所得税の納税地、法人については本店所在地（外国法人の場合には国外の本店所在地）を記載してください。

（開設）・移転・廃止年月日	平成・（令和） 2 年 4 月 1 日	給与支払を開始する年月日	平成・（令和） 2 年 4 月24日

○届出の内容及び理由
（該当する事項のチェック欄□に☑印を付してください。）

		「給与支払事務所等について」欄の記載事項
		開設・異動前	異動後
開設	☑ 開業又は法人の設立		
	□ 上記以外 ※本店所在地等とは別の所在地に支店等を開設した場合	開設した支店等の所在地	
移転	□ 所在地の移転	移転前の所在地	移転後の所在地
	□ 既存の給与支払事務所等への引継ぎ （理由）□ 法人の合併 □ 法人の分割 □ 支店等の閉鎖 □ その他（　　　　　　　　）	引継ぎをする前の給与支払事務所等	引継先の給与支払事務所等
廃止	□ 廃業又は清算結了　□ 休業		
その他（　　　　　　　　　　　）		異動前の事項	異動後の事項

○給与支払事務所等について

	開設・異動前	異動後
（フリガナ） 氏名又は名称		
住所又は所在地	〒 電話（　　）　－	〒 電話（　　）　－
（フリガナ） 責任者氏名		

従事員数	役員	人	従業員	人	（専従者） 1 人	（使用人） 1 人	（　） 人	計 2 人

（その他参考事項）

税理士署名押印	㊞

※税務署処理欄	部門	決算期	業種番号	入力	名簿等	用紙交付	通信日付印	年 月 日	確認印	規格A4
	番号確認	身元確認 □ 済 □ 未済	確認書類 個人番号カード／通知カード・運転免許証 その他（　　　）							

01.06 改正

書式　事業開始等申告書

第32号様式(甲)(条例第26条関係)

事業開始等申告書（個人事業税）

		新（変更後）	旧（変更前）
事務所（事業所）	所 在 地	東京都大田区×××× ○－○－○ 電話 03（××××）××××	電話 （ ）
	名称・屋号	西ホーム	
	事業の種類	不動産業	
	事業主住所が事務所（事業所）所在地と同じ場合は、下欄に「同上」と記載する。 なお、異なる場合で、事務所（事業所）所在地を所得税の納税地とする旨の書類を税務署長に提出する場合は、事務所（事業所）所在地欄に○印を付する。		
事業主	住 所	東京都大田区×××× ○－○－○ 電話 03（××××）××××	電話 （ ）
	フリガナ	ニシグチ　ユキオ	
	氏 名	西口 幸雄	
開始・廃止・変更等の年月日		令和2年 4 月 1 日	事由等　(開始)・廃止・※法人設立 その他（ ）
※法人設立	所 在 地		法人名称
	法人設立年月日	年 月 日（既設・予定）	電話番号

東京都都税条例第２６条の規定に基づき、上記のとおり申告します。

令和2年 4 月 6 日

氏名　西口 幸雄 　㊞

大田　都税事務所長 支 庁 長　殿

（日本工業規格Ａ列４番）

備考　この様式は、個人の事業税の納税義務者が条例第26条に規定する申告をする場合に用いること。

都・個

18

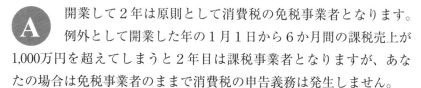

Q 開業して１年の個人事業主です。開業して２年以内ですし、売上1000万円以下ですので、申告義務がないと思うのですが、取引先には消費税を請求できますか。

A 開業して２年は原則として消費税の免税事業者となります。例外として開業した年の１月１日から６か月間の課税売上が1,000万円を超えてしまうと２年目は課税事業者となりますが、あなたの場合は免税事業者のままで消費税の申告義務は発生しません。

また、免税事業者が取引先へ請求する際の消費税の扱いですが、免税事業者は請求時に、消費税分を上乗せしなければならない、もしくは上乗せしてはいけない、などの決まりはありません。つまり免税事業者であっても消費税額を上乗せした金額で請求してもかまいません。これは消費税の性質が、免税事業者か課税事業者かということとは無関係に、国内取引における商品やサービスの提供そのものに対して課す税金という考えに基づいているためです。したがって、免税事業者でも10,000円の商品を消費税10％ 1,000円として11,000円を請求することができますが、仮に10,000円しか請求をしなかった場合でも、仕入側が課税事業者の場合には、10,000円の中に消費税が含まれているものとみなして、本体価格9,091円、消費税909円として処理を行うことになります。

免税事業者であっても、取引先へ請求する以前に、商品の仕入代金や、事業に伴って生じたさまざまな経費を支払っているはずです。その支払った仕入や経費にはほとんどの場合、消費税が含まれています。つまり消費税込で支払いはしているものの、請求を消費税抜で行うことは、よけいな税負担をしているともいえるのです。そこで、免税事業者であっても請求時においては消費税を上乗せした金額で請求するほうがよいといえます。

3 青色申告とはどんな制度なのか

さまざまな税法上の優遇措置が設けられている

申告納税制度は納税者保護の出発点である

　会社員や公務員であれば、それぞれの勤務先で「年末調整」をしてもらえるため、税金についての知識がなくても納める税金（所得税）を計算してもらうことができます。

　これに対して、個人商店を営んでいる自営業者やアパートなどの貸室を他人に貸して収入を得ている大家さん（賃貸人）などは、納める税金を自分で計算して申告・納付しなければなりません。

　このように納める税金を自分で計算し、納付する制度を「申告納税制度」といいます。わが国の所得税は、所得税法という法律の規定に従って、税金を納めるべき者が自分で所得を計算し、納める税金の額（納税額）を申告するシステムを採用しています。申告納税制度の実際の手続きは、毎年2月16日から3月15日までの間に前年の所得についての「確定申告書」を作成し、税務署に提出（申告）することによって行います。また、確定申告した税金を納付する期限も、申告期限と同じ3月15日までとされています。

　納税者自身が自ら納税額を計算する「申告納税制度」が納税者の権利を保護する出発点であるともいえるのです。

青色申告と白色申告の違いをおさえる

　所得税法の定めに従って自分の税額を計算し、税務署に申告・納付することを「確定申告」といいます。確定申告を行う場合に税額の計算過程などを記載する書面のことを確定申告書といいます。以前の確定申告書には、白色の書面に文字が印刷された申告書と青色の書面に

文字が印刷された申告書の2種類がありました。この2種類の申告書は単に色が違うのではなく、申告上の制度の違いによって厳密に区別されていました。白色の申告書を使って申告することを「白色申告」、青色の申告書を使って申告することを「青色申告」とそれぞれ呼んでいました。

　しかし、現在では申告書が変更され、青色申告も白色申告も同一の様式を使用することになりました。青色申告の場合、申告書の上のほうの「種類」欄の「青色」に〇印をつけることで区別することになります。

　年末調整によって所得税の税額の計算・納付が終了している会社員でも、一定の場合には確定申告を行います。この場合に行う申告は原則として白色申告です。これに対して、自営業者や副業などのように自分で商売を行っている人で、税務署に所定の申請書（13、47ページ）を提出した人が青色申告をすることになります。青色申告の場合は、帳簿の作成などにおいて白色申告よりも厳しい条件が課されています。その分所得税法上、さまざまな優遇措置が設けられており、その点で白色申告よりもメリットがあるといえます。つまり、青色申告は特別な制度なのです。

■ 青色申告と白色申告の違い

会社が年末調整をして完了	自分で計算して申告

青色申告	白色申告
○ 帳簿の作成に厳しい条件 ○ 所得税法上の優遇措置あり 　➡ 節税	○ 帳簿の作成は複式簿記でなくてよい ○ 所得税法上の優遇措置なし

簡単な帳簿管理方法を知っておこう

特典の少ないほうを選ぶという選択肢もある

　青色申告を選択し、かつ、複式簿記で記帳し、その他一定の要件を満たすと、確定申告の際に65万円の特別控除が受けられるという税制上の特典があります。このような特典が用意されているのであれば、「頑張って複式簿記を勉強して帳簿をつけたほうが節税になるのではないか」と思う人もいるかもしれません。

　しかし、65万円の特別控除を受けられるのは、あくまでも所得が65万円以上発生している場合です。つまり、赤字になってしまっている場合や利益が少ない場合は、いくら記帳に苦労してもその恩恵を十分に受けられないのです。

　このようなことをふまえると、必ずしも複式簿記により記帳することだけが、事業にとってプラスとなるとはいえないことがわかると思います。複式簿記により記帳することの労力やコストと、それにより享受できる恩恵をよく比べてみましょう。複式簿記を行うにしては費用対効果が悪いと判断するのであれば、青色申告でも簡易簿記で記帳したり（この場合の特別控除は10万円です）、白色申告を選択するという方法もあるのです。

どんな流れで行うか

　白色申告を選択したとしても、すべての白色申告書に対して全く記帳が不要になるというわけではありません。事業所得、不動産所得または山林所得を有する白色申告者には、帳簿の記帳と保存が義務付けられています。ただし、青色申告者と比べれば必須とされている帳簿

の数は少なく、記帳方法も複式簿記より簡易的な簡易簿記によって行います。

　青色申告と白色申告、どちらを選択しても、上記の一定の所得を有する者はある程度の記帳は必要になります。そして、その基本となるのが売上や必要経費の記帳なのです。これらをきちんと把握できなければ、その年の儲けがいくらなのか、ひいては税金がいくらになるのかを計算することができません。

　では、売上や必要経費を記帳するためには、実際にどのような準備や作業が必要になるのかを見ていきましょう。

　まず、どの程度の売上が上がったか把握するための書類を準備しましょう。通常は預金口座に売上金額が振り込まれていると思います。そのため、通帳を見ればどの程度の売上が上がっているかを把握することができます。もし、売上の代金を現金により受け取っている場合は、領収証控えなどにより金額や売上時期を把握します。このため、通帳だけでなく、領収証控えや請求書控えといった証憑もきちんと残しておく習慣をつけておきましょう。これらの売上の根拠となる書類をもとにして、1年間の売上を集計します。

　次に、どの程度の必要経費が発生したかを集計します。必要経費は、売上を上げるために必要となった費用のことです。必要経費の支出内容を把握するためには、その支出に際して受け取った領収証を集めます。

　必要経費に含める費用は、事業に関連して支出したものに限られます。そのため、領収証を集める際は、事業と関係なく支出した領収証を必要経費に含めないように注意する必要があります。こうして集まった領収証の支出金額を集計し、その年の必要経費を集計します。

　ここまでで、売上と必要経費の集計方法を説明してきました。最後に、この1年間の儲けを計算します。儲けは、ここまでで集計してきた売上合計から必要経費合計を控除することで算出されます。

領収証を分類する

　必要経費を集計するために領収証を集める必要があるということは、前述した通りです。ここでは、集めた領収証を分類する際に注意すべきポイントについて見ていきます。

　領収証をもとにして会計ソフトに入力する際、それぞれの支出がどの勘定科目に該当するのかが重要になってきます。そのため、領収証を勘定科目ごとに分類するという作業が必要になってきます。

　まず、領収証の束から、銀行振込みあるいは自動振替により支払ったものを別に区分しておきます。このように区分すると残りの領収証は、現金により支払ったものが残るはずです。基本的に、必要経費の記帳をする際は、現金支払いの経費は領収証に基づいて、銀行振込みや自動振替により支払った経費は通帳に基づいて行います。そのため、現金支払いと、銀行振込みおよび自動振替の領収証が混ざった状態になっていると、必要経費を二重に記帳してしまう恐れがあるのです。

　領収証を現金支払いのものとそれ以外のものとで分類した後、いよいよ勘定科目ごとに領収証を分類していきます。いきなり勘定科目ごとに分類してもよいのですが、慣れていない人はまずはざっくり4つのグループに分けていきましょう。個人事業主の場合は、必要経費についてそれほど多くの勘定科目を必要としないことが多いようです。そのため、必要経費の中でも特に割合が大きいと考えられる@交通費、ⓑ購入費、ⓒ飲食費そして、ⓓこれらのどれにも当てはまらない費用に分けていきます。これらのグループに分類された必要経費は、それぞれ「旅費交通費」「消耗品費」「接待交際費」という勘定科目に該当することになります。どれにも当てはまらなかった領収証については、そのつど該当する勘定科目を確認していきましょう。

　領収証を分類する作業の際に注意すべきことは、「事業と関係のない領収証を省く」ということです。この点は領収証を集める際の注意点としても説明しましたが、分類していく過程においてもプライベー

トでの飲食費や生活費などが混ざってしまっていないかよく注意して
見ておくようにしましょう。

通帳への書き込みに工夫する

　通帳は、売上や必要経費を集計するのに必要な書類です。この通帳
にひと工夫加えるだけで、便利な帳簿とすることができ、経理作業の
手間を減らすことができるのです。なお、通帳での作業を行う際は、
書き損じても大丈夫なようにコピーをとって行うことをお勧めします。
　まず、通帳から売上を把握してみましょう。売上は通帳の入金欄に
表れます。売上による入金にマーカーなどを引いておけば、すぐに売

■ 通帳の活用

年月日	備考	お支払金額	お預かり金額	差引残高	
○××	・・・・・		300,000	450,000	
×××	・・・	20,000		430,000	
×××	・・・	30,000		400,000	
×××	○×商事4月分		150,000	550,000	※売上
×××	・・・	10,000	☆経費	540,000	(マーカーで色分け)
×××	・・・	50,000	☆経費	490,000	
×××	・・・	350,000	☆仕入	140,000	
×××	・・・・		500,000	640,000	※売上
×××	・・・		10,000	650,000	※売上
×××	・・・	20,000	☆経費	630,000	
△××	・・・		・・・	・・・	
△××	・・・		・・・	・・・	

（★コピーを取る）
　　★請求書等と金額を照合し、内容を書き込んでおく

```
○×商事
 請求書
 4月分
```

★月末ごとにラインで区切っておく

注意点　★事業用とプライベートの通帳は分けておくこと
　　　　★現金で受け取った売上代金はすぐに預け入れておくとよい

上であるということがわかり、集計する際にも便利です。また、請求書控えとあわせて見ることでどの入金が何月分の売上に該当するかがわかりますので、何月分にあたるかも書き込んでおきましょう。ここでチェックした売上を合計すれば、その年の売上金額を把握することができます。もし、現金で受け取った売上代金がある場合は、売上の集計の際にそれらを加えることを忘れないようにしましょう。現金で受け取った売上代金を預金口座に入金してしまうことで、通帳で集計できるようにするのも一つの手です。

　次に、必要経費を見ていきましょう。銀行振込みや自動振替により支払いを行っている場合は、通帳の出金欄で把握することができます。月末ごとにラインを引いて区切れば、毎月発生している支出なども把握することができます。家賃、電話代、水道光熱費などの支出ごとに色を分けてマーカーを引いておくと、後で集計する際にとても便利です。

　このように通帳を帳簿化するにあたり、事業用とプライベート用の通帳を分けておくことをお勧めします。どちらも同じ通帳になってしまっていると、プライベートでの入金や支払いを分ける作業が必要になり、かえって手間がかかってしまうからです。

▎後は集計するだけ

　ここまでで、領収証や通帳をもとにして売上や必要経費を把握する方法を説明してきました。確定申告の際は、1年間の事業活動により生じた売上と必要経費の合計を記載し、それらの金額をもとに税金を計算していきます。ここまで説明したように領収証や通帳の整理をしておけば、後はパソコンや電卓などで1年間の売上や必要経費を合計するだけです。

Q 経費を勘定科目に当てはめようとしても、うまくいきません。うまく科目に当てはまらない場合はどうしたらよいのでしょうか。

A 勘定科目の割り振り方については、実は厳密な決まりごとはありません。ただし一般的によく使われている科目名というものはあります。読みやすい決算書にするためには、できるだけ一般的な科目に当てはめるほうがよいといえます。どうしてもうまく当てはまらない場合は、どの科目にも該当しないものということで「雑費」に分類するとよいでしょう。

　一般的な科目に当てはまらない場合ですが、独自に名称をつくって新しい科目を設定してもかまいません。しかし、あまりにも細かく分けてしまうと、作業も煩雑になりますし、内容もかえってわかりにくいものになってしまいます。新しい科目を作る場合は、ある程度の金額を占めるような経費に限ったほうがよいでしょう。反対に、1つの勘定科目が多くの割合を占め、バランスが悪いようなときは、あえて新しい科目を設定し、分割したほうがわかりやすくなる場合もあります。

　29ページ図は一般的な経費科目の具体例です。まずはこれらの科目に当てはまるかどうか検討していくと、仕訳作業もスムーズに進みます。個人事業主の場合、所得税の申告をする際の収支内訳書や青色申告決算書には、これらの科目があらかじめ印刷されています。

Q 似たような科目があってどちらに入れるべきなのか迷っています。このような場合はどうしたらよいのでしょうか。

A 勘定科目は、「資産」「負債」「収益」「費用」という、大きく4つの性質の科目に分類されます。会社などの法人の場合、加えて「純資産」という資本金等を表す科目があります。それぞれの

大きな分類の中における具体的な科目名については、実は厳密なルールはありません。つまり、まず「費用かどうか」を正しく判断できていれば、後は内容が客観的に判断できるような名称を用いればよいわけです。ただし、たとえば今年は消耗品費にしていた経費を翌年は事務用品費にするなど、使い方がバラバラではいけません。内部で一度決めた後は、一貫性を保つ必要があります。

いくつか科目の振り分け例を挙げてみましょう。たとえば車のガソリン代です。交通費とする場合もあれば消耗品費とする場合もあります。小包などの送料についても、通信費に含める場合もありますし、荷造運賃とする場合もあります。

一方、仕入など販売する商品の原価を構成する支出については、その他の経費とは一線を画す必要があります。これは在庫や売上原価を計算する必要があるからです。帳簿作成時においては、仕入費用や材料費など、原価の一部がその他の経費に混入していないか、注意する必要があります。

Q 経費と領収書の関係について教えてください。

A 支出の内容が事業に関係したもので、領収書のように支払った事実を証明する書類があれば、その支払いは経費として認められます。経費は確定申告における所得税の計算上、収入から差し引くことができます。この収入から経費を差し引いた結果を所得といいます。所得税は所得に対してかかりますから、経費の管理が非常に大切なのは言うまでもありません。

もし領収書を紛失してしまうと、事業に関係した経費の支払であっても、その支出を証明する物的な証拠がないため、税務署から経費として認めてもらえないことになってしまうかもしれません。

また、個人事業主にありがちなのが、領収書をひとまとめにして保管し、後でまとめて経費の集計をするケースです。このような場合、確定申告の際などに経費を集計しようとしても、どれがどのような目

■ 一般的な経費科目の具体例 ………………………………………

租税公課	固定資産税、自動車税、印紙税などの税金、同業者組合、商店会などの会費や組合費
荷造運賃	商品の梱包材料費や運送費
水道光熱費	水道、電気、ガス、灯油などの購入費
旅費交通費	電車、タクシーなどの代金や出張の宿泊費など
通信費	切手代、電話代、インターネット使用料など
広告宣伝費	新聞や雑誌の広告料、陳列装飾等の費用、カレンダーなどの名称印刷代
接待交際費	得意先との飲食費、中元、歳暮などの贈答品など
損害保険料	火災保険料、自動車の損害保険料など
修繕費	店舗や乗用車などの修理にかかった費用
消耗品費	短期間で消費する少額物品の購入費、文具、ガソリン、日用品など
減価償却費	建物や機械、車など固定資産の償却費
福利厚生費	従業員のために支出した飲食や慶弔の費用
給料賃金	給料、賃金、退職金の他、食費や住居など現物支給など
外注費	加工賃など外部へ注文したことによる支出
支払利息	事業用資金の借入利息
地代家賃	事務所や店舗の家賃など
雑費	事業を行う上で発生した費用で、少額かつ上記などの設定した科目のいずれにも当てはまらないもの

的で支出したものかわからなくなってしまいます。これではせっかく経費として落とすことができたはずの支出も経費にできず、結果としてよけいな税金を払わざるをえなくなってしまいます。領収書の管理は非常に大切です。こまめに経費の集計ができない場合には、領収書の裏に支出した目的などをメモしておきましょう。

Q たいていの領収書は経費で落とせると聞きますが、本当でしょうか。

A 経費とは事業活動によって収入を得るために支出した費用のことです。経費として認められるものはあくまで、事業に関係したものでなければいけません。経費として認められるためには、一般的に次の3つを満たすことが重要です。①事業に関係がある支出であること、②支出を証明できる物的証拠があること、③常識の範囲内での支出であること、です。領収書とはまさに②のことです。しかし、その支出が事業に関係のない支出であった場合は経費にはなりません。また事業に関係していても、常識的に考えてあまりにも高額な支出である場合は、経費としては認められません。経費として認められるためにもっとも重要なものは、①の事業に関係した支出であるということです。しかし、事業に関連しているかどうかの判断基準は、事業主の考え方ひとつでも異なってしまうため、明確な線引きができません。そこでポイントとなるのは、客観的に見てその支出が事業と関係しているかどうかです。客観的に見て事業との関係性が乏しい支出を、領収書があるからといって経費で落としても、税務署を納得させうるほど、事業との関連性を証明することはできないでしょう。領収書は経費として落とすための通行手形ではありません。支出したという事実だけを裏付ける資料のひとつに過ぎないのです。

5

青色申告はどんな人を対象にしているのか

不動産所得、事業所得、山林所得がある人が対象になる

所得は10種類に分けられる

　収入から経費などを差し引いたものが所得です。所得税法では、その性格から所得を以下の10種類に区分しています。

> ①利子所得、②配当所得、③不動産所得、④事業所得、⑤給与所得、
> ⑥退職所得、⑦山林所得、⑧譲渡所得、⑨一時所得、⑩雑所得

　これらの所得のうち青色申告の対象となるのは、③不動産所得、④事業所得、⑦山林所得の3種類に限られます。

所得の内容

　10種類の所得の内容と計算方法について、簡単に確認しておきましょう（所得税額の算定方法については、232ページ参照）。

①　利子所得

　利子所得とは、ⓐ公社債の利子、ⓑ預貯金の利子、ⓒ合同運用信託の収益の分配金、ⓓ公社債投資信託の収益の分配金、ⓔ公募公社債等運用投資信託の収益の分配金による所得です。

　利子所得の金額は、その年中に確定した利子等の収入金額の合計額です。利子所得には必要経費がありませんので、利子などの収入金額（源泉徴収される前の金額）が、そのまま利子所得の金額になります。

②　配当所得

　配当所得とは、株式などの配当による所得です。配当所得の金額は、その年中に確定した配当等の収入金額の合計額から元本所有期間に対

応する負債利子（株式などを取得するための借入金の利子）があれば控除して計算します。配当所得の金額は、次のように計算します。

配当所得の金額＝配当所得の収入金額－負債利子

③　不動産所得

　不動産所得とは、土地や建物などの賃貸に伴って発生する所得です。不動産所得の金額は、その年中に確定した収入金額から必要経費を差し引いて計算します。

不動産所得の金額＝不動産所得の収入金額－必要経費

④　事業所得

　事業所得とは、商品の販売や建設工事の請負による収入、弁護士や公認会計士・税理士などの自由業の収入、医師・歯科医師などの医業収入など、事業に伴って発生する所得です。

　事業所得の金額は、その年中に確定した総収入金額から必要経費を差し引いて計算します。

事業所得の金額＝事業所得の総収入金額－必要経費

⑤　給与所得

　給与所得とは、役員報酬、給料、賃金、賞与など給与所得者（会社員や公務員など）が労働の対価として得る所得です。

　給与所得はその年中に確定した給与などの収入金額から概算の必要経費である「給与所得控除」を差し引いて計算します。給与所得控除は、図（次ページ）のように給与収入金額に応じて計算します。

　なお、職務上必要とされる資格取得費用の支出や単身赴任者の帰宅旅費などの支出（特定支出）が給与所得控除額の２分の１を上回る場合は、その上回る部分の金額を給与所得控除後の所得金額から差し引いて計算してもよいことになっていますが、ほとんど利用されていな

いのが実情です。

> 給与所得の金額＝給与所得の収入金額－給与所得控除

⑥　退職所得

　退職所得とは、退職に伴って会社などから受領する退職金や一時恩
給などの所得です。また、社会保険制度などにより退職に伴って支給
される一時金、適格退職年金契約に基づいて生命保険会社または信託
会社から受ける退職一時金なども退職所得とみなされます。

　退職金は受領者の老後の生活の糧になるものです。このような事情
を考慮し、所得税が過重負担にならないように配慮されています。

　退職所得は、その年中に確定した退職金等の収入金額から「退職所
得控除」を差し引いて、その額に2分の1を乗じて計算します。ただ

■ 給与所得控除額（令和2年分以降）‥‥‥‥‥‥‥‥‥‥‥‥‥‥‥

給与等の収入金額	給与所得控除額
0円 ～ 162.5万円以下	55万円
162.5万円超 ～ 180万円以下	給与等の収入金額×40%－10万円
180万円超 ～ 360万円以下	給与等の収入金額×30%＋8万円
360万円超 ～ 660万円以下	給与等の収入金額×20%＋44万円
660万円超 ～ 850万円以下	給与等の収入金額×10%＋110万円
850万円超	195万円（上限）

■ 退職所得にかかる税金 ‥‥‥‥‥‥‥‥‥‥‥‥‥‥‥‥‥‥‥‥‥

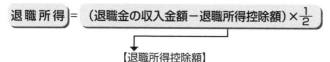

退職所得 ＝ （退職金の収入金額－退職所得控除額）$\times \frac{1}{2}$

【退職所得控除額】

勤続年数20年以下	40万円×勤続年数（80万円に満たないときは80万円）
勤続年数20年超	800万円＋70万円×（勤続年数－20年）

※障害退職のときは、上記控除額＋100万円

し、役員等勤続年数が5年以下である役員が支払を受ける退職金のうち、その役員等勤続年数に対応する退職金として支払を受けるものについては、収入金額から退職所得控除額を差し引いた額が退職所得になります。

> ### 退職所得の金額＝（退職金等の収入金額－退職所得控除額）×1/2

なお、退職所得控除額は、勤続年数によって、図（前ページ）のように計算します。

⑦　山林所得

山林所得とは、山林を伐採して譲渡または立木のままで譲渡することによって生ずる所得です。ただ、山林を取得してから5年以内に伐採したり譲渡したりしたような場合は、事業所得または雑所得になります。また、山林を山ごと譲渡する場合の土地の部分は、譲渡所得になります。山林所得の金額は、次のように計算します。

> ### 山林所得の金額＝総収入金額－必要経費－特別控除額（最高50万円）

総収入金額とは、立木の譲渡の対価のことです。必要経費は、植林費などの取得費の他、下刈費などの山林の管理、維持のために必要な管理費、さらに、伐採費、搬出費、仲介手数料などの譲渡するために必要な費用です。山林所得は、他の所得と合計せず、他の所得と異なった計算方法により税額を計算し確定申告することになります。この計算方法は、「5分5乗方式」といわれるもので、次のように計算します。

> ### （課税山林所得金額×1/5×税率）×5

⑧　譲渡所得

譲渡所得とは、一般的に、土地、建物、ゴルフ会員権などの資産を譲渡することによって生ずる所得です。

ただ、事業用の商品などの棚卸資産や山林の譲渡、使用可能期間が1年未満の減価償却資産や取得価額が10万円未満の減価償却資産、一括償却資産の必要経費算入の規定の適用を受けた減価償却資産（業務の性質上基本的に重要なものを除く）などの譲渡による所得は、譲渡所得にはなりません。譲渡所得は、次のように計算します。

譲渡所得の金額＝収入金額－（取得費＋譲渡費用）－特別控除額

譲渡所得は複雑ですから、所得の計算方法について詳しく知りたい場合は、税務署や税理士に相談するとよいでしょう。

⑨　一時所得

一時所得とは、営利を目的とする継続的行為から生じたものでも、労務や役務の対価でもなく、資産の譲渡等による対価でもない一時的な性質の所得です。一時所得には、ⓐ懸賞や福引きの賞金品、競馬や競輪の払戻金、ⓑ生命保険金の一時金や損害保険の満期返戻金、ⓒ法人から贈与された金品、ⓓ遺失物拾得者や埋蔵物発見者の受ける報労金、といったものがあります。一時所得は、次のように計算します。

一時所得の金額＝総収入金額－収入を得るための支出額
**　　　　　　　　－特別控除額（最高50万円）**

---

⑩　雑所得

雑所得とは、年金や恩給などの公的年金など、非営業用貸金の利子、著述家や作家以外の人が受ける原稿料や印税、講演料や放送謝金などのように、他の9種類の所得のどの所得にもあたらない所得です。雑所得は、次のように計算したものを合計した金額です。

ⓐ　公的年金等以外のもの

公的年金等以外の総収入金額－必要経費

ⓑ　公的年金等

収入金額－公的年金等控除額

6 青色申告による所得税計算上のメリット

青色申告を選択すればさまざまな節税が可能になる

青色申告は節税のための手段として利用する

　自営業者などの事業者の所得は、1年間（1月1日～12月31日）の収入金額からその収入を得るのにかかった費用（必要経費）を差し引いて計算します。

　収入や費用を集計する場合、日々の売上や仕入に伴う現金の動きなど、何らかの記録をもとにしなければ正確な金額は集計できません。そのため、一定の要件を満たした帳簿に記帳する必要があります。

　ただ、帳簿を記帳することや、その帳簿を保存するにはそれなりのコストや手間がかかります。そこで、「青色申告」を適用した場合に、さまざまな特典（優遇措置、37～42ページ）が与えられています。これらの特典を上手に利用すれば、税負担を軽減させることができます。

　これに対して、白色申告の場合、青色申告で認められているような優遇措置がありません。そのため、所得税の税額計算をする上では不利な申告方式だといえます。したがって、自営業者や不動産賃貸業者などのように、毎年継続して確定申告を行う人は、青色申告を選択することが節税対策にもつながるといえます。

節税とはどのようなことなのか

　事業を行っている者であれば、収入はできるだけ多くして納める税金はできるだけ少なくしたいと思うのは当然です。納める税金を少なくするためには工夫しなければなりません。しかし、法律の範囲を逸脱して、取引の事実を隠したり、書類を改ざんして税金を安くしたりする行為は、「脱税」となり、犯罪行為です。これに対して、法律の

許す範囲内で税負担を軽減する行為を「節税」といいます。つまり、納める税金をできるだけ少なくするためには、できるだけ上手に節税を行う必要があるのです。

▎青色申告における節税ポイントはどこか

節税ポイントを検討するにあたり、所得税の計算過程を以下の3つの段階に分け、①〜③のそれぞれの段階ごとにどのようにすれば節税できるのかを検討します。

---

① 所得を計算する段階
・法律の範囲内で収入を少なくする
・法律の範囲内で必要経費を多くする
② 所得控除（235ページ）を適用して課税所得を計算する段階
・適用できる所得控除は確実に適用して課税所得を減らす
③ 税額控除を適用して所得税額を計算する段階
・適用できる税額控除（税額から直接控除できるもの、143ページ）があれば確実に適用して所得税額そのものを減らす

青色申告の制度を利用した場合、上の①の所得を計算する段階では、白色申告では認められない支出を必要経費として処理することができます。また、③の所得税額を計算する段階でも白色申告で認められない税額控除項目が青色申告では利用することができます。

ここでは、青色申告のメリットを知るために、青色申告の制度を利用して所得を計算する場合に適用される特典を見ていきましょう。

▎青色専従者給与を必要経費に算入できる

所得税法では原則として、事業主（個人で自営業を営んでいる人）が自分の家族に対して給料を支払っても、その分の金額を必要経費と

することが認められていません。しかし、中には、事業主のもとで他の従業員と同じように働いている家族従業員もいます。また、家族の手伝いがあってこそ自営業者は事業を継続して営んでいくことができるともいえます。そこで、青色申告者（青色申告によって確定申告を行っている者）で、税務署に所定の届出書（青色事業専従者給与に関する届出書）を提出した者については、届出書に記載した金額の範囲内で、家族従業員に支払った給料を必要経費として認めることにしました。

なお、白色申告の場合、手伝って働いてくれている家族に対する給与を支払っても必要経費に算入することができません。わずかに事業専従者控除（配偶者86万円、その他の家族50万円）を受けられるにすぎません。

▌引当金を設定することができる

継続して商売などの事業を営む場合、常に現金で取引を行うとは限りません。むしろ、1か月分など一定期間ごとに売上代金をまとめて受け取ったり、仕入れなどの必要経費をまとめて支払ったりするのが一般的です。このような取引を信用取引といいます。

信用取引を行った場合、納めた商品の代金や提供したサービスの料金は、その時点では受け取らず、「掛け（ツケのこと）」とします。その後、当事者間であらかじめ定めた時期に「掛け」の代金を現金で受け取ることになります（金融機関などへの振込みによって支払われる場合や小切手・手形によって支払われる場合もあります）。掛けによる売上代金のことを「売掛金」といいます。売掛金はお金を貸しているのと同じ状態ですから、取引の相手が倒産した場合などには回収できなくなる可能性があります。これを「貸倒れ」といいます。

青色申告では、近い将来において発生すると見込まれる貸倒れの金額をあらかじめ見積もって必要経費に算入することができます。この経費のことを「貸倒引当金」といいます。

貸倒引当金のように、近い将来において発生する費用や損失をあらかじめ見積もって計上する経費のことを「引当金」といいます。青色申告者に認められている引当金としては、貸倒引当金の他、退職給与引当金があります。なお、返品調整引当金は平成30年度税制改正により廃止となり、経過措置として令和12年分の所得までは計算上段階的に引き下げられる引当金が計上できるのみとなっています。

▌棚卸資産の評価方法に低価法を適用できる

　年末に在庫として残った棚卸資産の評価額は原則として「原価法」によって計算します。原価法とは、棚卸資産を実際に購入したときの価額（取得価額）で評価する方法です。

　青色申告の場合、棚卸資産の評価額を「低価法」によって計算することもできます。低価法とは、年末に残った棚卸資産の時価がその棚卸資産の取得価額（原価）よりも低くなっている場合に、取得価額ではなく、時価で評価額を計算する評価方法です。

　棚卸資産の評価額が低くなれば、結果として所得が減りますので、所得税も減らすことができるのです。

▌特別償却などの特例を適用することができる

　建物、車輌、機械、備品などは購入してすぐになくなってしまうものではなく、何年かにわたって使用することで、事業の売上高や収益に貢献します。このように長期にわたって事業のために活用する資産を固定資産といいます。固定資産は取得時に一括して経費として計上することができません。固定資産は「減価償却」という手続きに従って、耐用年数（あらかじめ定められた固定資産の使用可能年数のこと）に基づき数年にわたって分割して経費に計上することになります。

　ただ、一定の要件を満たす青色申告者については、通常の減価償却とは別枠で特別に減価償却費を計上できる制度があります。この特別

に認められた減価償却の制度を「特別償却」といいます。

　たとえば、通常の減価償却限度額が100万円で、特別償却限度額が150万円であれば、その事業者は合計250万円まで減価償却ができるということになります。特別償却は産業の振興といった社会政策的な観点から設けられたもので、非常に多くの種類があります。

　特別償却の制度を利用することができれば、取得した年（またはその年の翌年）に償却費を増加させることができますので、その分経費を多く計上できます。この結果、所得が減少し、所得税も減少するのです。

　特別償却の他には、割増償却、即時償却、少額減価償却資産（取得価額30万円未満）の必要経費算入など、さまざまな特例が設けられています。これらの特例には、適用した年で必要経費を増加させる効果があります。

▎赤字を繰り越すことができる

　もしも赤字が出てしまった場合、青色申告の場合はその損失分を翌年以降３年間にわたって繰り越し、各年の所得から差し引くことができます。つまり、赤字となった年の翌年以降３年間は、赤字額を限度として所得を減らし、その結果として所得税を少なくすることができるのです。

　たとえば、前年度に500万円の赤字、当年度に1,000万円の黒字であった場合を考えてみましょう。青色申告でなければ、当年度は1,000万円の所得に基づいた税金を納めることになります。しかし、青色申告を選択している場合、前年度の赤字を損失申告していれば、当年度の黒字の所得1,000万円から前年度の赤字分500万円を差し引いた残額500万円に基づいて税金を計算することができます。

現金主義による所得計算ができる

　所得税法では、収入を計算する場合、売上代金を現金で受け取っていなくても、仕事をしたり、商品を販売したり、サービスを提供した時点で、それぞれ収入（売上）として認識することになっています。また、必要経費についても現金を支出したときに経費に算入するのではなく、たとえば、商品仕入高の場合、商品を仕入れてその後に販売した時点で経費と認識することになります。

　この方法によれば、適正な期間損益計算（その期間の売上と経費を対応させて損益を計算すること）を行うことができますから、結果として、所得計算も正しく示されることになります。一方で、年末に売掛金や買掛金（掛けによる仕入高）などを計上しなければならず、小規模事業者にとっては事務負担が大きくなります。

　そこで、青色申告者で、前々年分の専従者給与などを控除する前の所得金額が300万円以下である事業者に限っては、所得の計算上、実際に現金の収入や支出があった時点で売上や経費を計上することができます。このような計上方法を「現金主義」による計上といいます。

青色申告特別控除を適用することができる

　青色申告者は、事業所得または不動産所得がある場合に、その年の

■ 青色申告のメリット ……………………………………………

> ・青色事業専従者給与の経費算入
> ・引当金の経費算入
> ・棚卸資産の評価方法について低価法の採用
> ・特別償却・特別控除・少額減価償却資産の経費算入など特例の適用
> ・赤字の繰り越し
> ・現金主義による所得の計算
> ・青色申告特別控除の適用

所得から一定の要件により10万円、55万円または65万円を差し引く（控除）ことができます。この控除の制度を「青色申告特別控除」といいます。

　複式簿記（69ページ）で帳簿を記帳していて、確定申告書に貸借対照表（190ページ）を添付し、さらに電子化要件として、帳簿（仕訳帳や総勘定元帳）を一定の電子データで保存するか確定申告書を国税庁の納税システム（e-Tax）で提出した場合には、最大65万円を控除することができます。何もしなくても所得を減らしてもらえるわけですから、納税者にとっては非常に有利な制度だといえます。ただし、現金主義を選択している場合には65万円または55万円の控除を受けることができません。なお、電子化要件が満たさない場合には55万円の控除、簡易簿記や現金主義の場合には10万円の控除となります。

　また、不動産所得の場合で65万円または55万円の控除を受けるには、不動産の貸付けが事業的規模（建物の場合では貸間、アパート等で、貸与することのできる独立した室数がおおむね10室以上である。独立家屋の貸付けについては、おおむね5棟以上ある）で行われている必要があります。

■ **青色申告特別控除** ………………………………………………

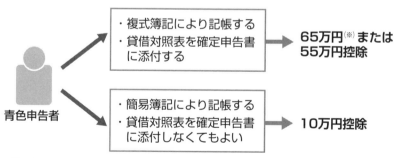

※電子化要件を満たす場合

Q 個人事業主です。家族については給与を出せると聞いたのですが、事業主自身には給与を出せないのでしょうか。

A 法人経営の場合、社長や役員など経営者に対して支給した役員報酬は、経費になります。しかし個人事業の場合、経営者本人に給与を出すという考え方はありません。事業で得た収入から経費を差し引いて残った儲けの部分は、すべて経営者のものであるとみなされるからです。ただ、事業用の口座から「家計費」として、お金を引き出す場合があります。経費にならないからと言って帳簿に記録しないと預金残高が合わなくなってしまいます。その場合には、「事業主勘定」という、収入や費用に関係させない勘定科目を用いて記録します。

●家族へ出す給与の取扱い

　質問内容にもあるように、家族へ出す給料については経費として計上することができます。この場合、「生計」つまり家計が同じであるか別であるかで取扱いが異なります。生計を別にしている場合は、給与として支給した分が経費となります。妻や子どもなど同じ家で暮らし、生計を同じくしている家族に対する給与の経費算入には、後述しますように、税法上の制約があります。

●事業専従者給与とは

　生計を同じくする家族で、事業主と一緒に仕事をして給与をもらっている人のことを「事業専従者」といいます。事業専従者に支給する給与は経費算入することができます。裏を返せば、労働の実態がない家族に給与を出すことは認められないということです。さらに、事業を手伝っている場合も、「事業に専ら従事している」と判定されるための条件を満たす必要があります。1年間のうち6か月以上事業に従事していれば、事業に専ら従事しているということで、事業専従者の取扱いとなります。事業専従者に対する給与を「事業専従者給与」と

いいます。事業専従者給与と判定された場合には、生計が同じ家族の給与も経費になります。

　青色申告である場合の「青色事業専従者給与」については、「青色事業専従者給与に関する届出書」を提出していれば支出した金額が経費となります。白色申告の場合、事業専従者への給与は事業専従者控除として所得控除が認められています。この事業専従者控除には上限が定められており、上限に達するまでの金額を控除することができます。なお、上限額は、50万円（配偶者の場合86万円）と、所得を「事業専従者の人数＋１」で割った金額とのいずれか低い金額です。

■ **経費になる給与の範囲** ………………………………………………

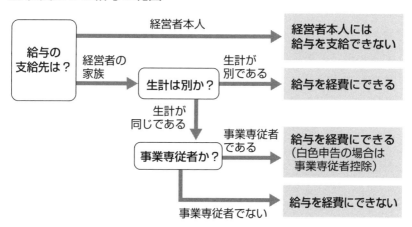

Q 開業するとしたら、税金対策上は、いきなり法人化したほうがよいのでしょうか。それとも個人事業主のほうが得なのでしょうか。

A 個人事業主と法人のどちらで開業するかは悩みどころです。法人の設立自体に、それほど多額の費用が必要になるわけではありません。また取引先や金融機関への信用力は、個人事業主であるよりも法人であるほうが、一般的には高く見られます。しかし設立についての手続きは法人のほうが煩雑です。

では税金対策といった観点からはどうでしょうか。

事業によって得た利益に対して課される税金を、法人であれば法人税、個人事業主であれば所得税といいます。この法人税と所得税はそれぞれ計算のルールが異なりますが、決定的に違うのは税率です。法人税の税率はいくら利益が出ても一定です。それに対して所得税の税率は累進課税といって、利益を得ればそれだけ高い税率が課されます。法人税率は、法人の種類や資本金等の規模により15％から23.2％、所得税率は、所得に応じて5％から45％（一定の控除額あり）となっています。また、個人事業主も法人も住民税や事業税などの他の税金も考慮する必要はありますが、一般的に事業からの所得がある水準を超える場合、法人のほうが税金対策上有利になります。この「ある水準」とは、所得にして数百万円以上というのが一般的なボーダーラインと言われています。

●**法人は自分に払う給与も経費にできる**

個人事業主は売上からそれに対応した仕入や経費を差し引いた残りが個人の所得となり、税金を支払います。税金を支払った残りが個人事業主の生活費となります。つまり個人の生活費を差し引く前の所得に基づいて税金が課されます。

一方、法人税では、売上から仕入や経費を差し引いて利益を計算す

るのは所得税と同様ですが、法人の経営者であるあなたの給与も経費として認められます。つまりあなたの生活費も差し引いた上で税金が課されます。この点でも法人のほうが税金対策上は有利だといえます。

●消費税は開業後の免税期間が重要

　消費税については個人事業主と法人のどちらで開業しても、原則として2年間は免税されます。仮に個人事業主で開業し、もし2年後に法人化すると、法人化してからの2年はやはり原則として免税されます。こうした観点から、個人事業主として開業し、その後法人化するのが税金対策上は有利だといえます。ただし2年間の免税については例外があり、開業もしくは法人化した年の開始以後6か月間（個人事業主の場合は、開業した日からその年の6月30日までの期間）の課税売上高が1000万円を超えてしまうと、2年目は課税事業者となるため、注意が必要です。

●法人化を段階的に検討するのがベター

　開業する際には、事業でいったいどれだけの所得が得られるかを明確に計算することはできません。経済状況や環境の変化、トレンドなど、さまざまな要因によっても大きく左右されます。そこでまずは個人事業主として開業し、事業が軌道に乗って所得が数百万円規模になる、もしくはそれを超えそうであれば具体的なシミュレーションを行い法人化を検討する、という進め方がベターでしょう。そうすれば法人税におけるメリットも享受しつつ、消費税における免税期間も税金対策上、有効に活用できるからです。

7 青色申告をするにはどうすればよいのか

税務署に青色申告のための申請書を提出する

青色申告承認申請書を提出する

　青色申告を適用するにはあらかじめ、青色申告承認申請書（48ページ）を税務署に提出する必要があります。申請書を記入する際には以下の点に注意しましょう。

① 住所（納税地）

　住所（納税地）は通常、住民票のある住所地ですが、他に事業所を設けている場合にはその事業所の所在地を納税地とすることもできます。

　納税地とは別に、「事業所又は所得の起因となる資産の名称及びその所在地」欄にも、事業所の所在地等を記入します。

② 所得の種類など

　所得の種類や、今までの青色申告の取りやめの有無、相続による事業承継の場合の記入事項など、該当する内容をそれぞれ記入します。

③ 簿記方式（書式の「6　その他参考事項（1）」参照）

　申請書の「簿記方式」の欄は、該当箇所を○で囲みます。複式簿記とは、仕訳帳・総勘定元帳を備える簿記方式で、1つの取引を2つの側面から記帳しますので、転記もれなどを防止することができます。

　これに対して、簡易簿記とは、現金出納帳や経費帳などの一定の帳簿を備える簿記方式で、複式簿記のように2つの側面から記帳しないので、転記の誤りを発見することが困難です。しかし、複式簿記と比べて記帳が簡略化されていますので、初心者には向いているといえます。

④ 備付帳簿名（書式の「6　その他参考事項（2）」参照）

　現金出納帳や売掛帳、総勘定元帳、振替伝票など、帳簿名が列挙しています。青色申告を行うために備え付ける帳簿名に○印をつけます。

税務署受付印

所得税の青色申告承認申請書

`1 0 9 0`

	納税地	○住所地・○居所地・●事業所等（該当するものを選択してください。） （〒 144 - 0000 ） **東京都大田区××××○-○-○** （TEL 03 -××××-××××）

_____ 大田 _____ 税務署長

_2_ 年 _4_ 月 _6_ 日提出

上記以外の 住所地・ 事業所等	納税地以外に住所地・事業所等がある場合は記載します。 （〒 - ） （TEL - - ）

フリガナ	ニシグチ ユキオ	生年月日	○大正 ●昭和 48 年 3 月 1 日生 ○平成 ○令和
氏　名	**西口 幸雄** ㊞		

職　業	**不動産業**	フリガナ	ニシホーム
		屋号	**西ホーム**

令和 _2_ 年分以後の所得税の申告は、青色申告書によりたいので申請します。

1　事業所又は所得の基因となる資産の名称及びその所在地（事業所又は資産の異なるごとに記載します。）

　名称___**西ホーム**___　所在地___**東京都大田区××××○-○-○**___

　名称_____　所在地_____

2　所得の種類（該当する事項を選択してください。）

　　●事業所得　・○不動産所得　・○山林所得

3　いままでに青色申告承認の取消しを受けたこと又は取りやめをしたことの有無

　(1)　○有（○取消し・○取りやめ）　___年___月___日　　(2)　●無

4　本年1月16日以後新たに業務を開始した場合、その開始した年月日　**令和2** 年 **4** 月 **1** 日

5　相続による事業承継の有無

　(1)　○有　相続開始年月日　___年___月___日　被相続人の氏名_____　　(2)　●無

6　その他参考事項

　(1)　簿記方式（青色申告のための簿記の方法のうち、該当するものを選択してください。）

　　　　●複式簿記・○簡易簿記・○その他（　　　　　　　　　）

　(2)　備付帳簿名（青色申告のため備付ける帳簿名を選択してください。）

　　　　●現金出納帳・●売掛帳・●買掛帳・○経費帳・●固定資産台帳・●預金出納帳・○手形記入帳
　　　　○債権債務記入帳・○総勘定元帳・○仕訳帳・○入金伝票・○出金伝票・○振替伝票・○現金式簡易帳簿・○その他

　(3)　その他

関与税理士 （TEL - - ）	税務署整理欄	整理番号	関係部門 連絡	A	B	C
		`0`				
		通信日付印の年月日	確認印			
		年 月 日				

8 青色申告の記帳義務について知っておこう

帳簿の記載ルールを覚える

帳簿は一定期間保存しておかなければならない

　所得税法では、青色申告を適用する場合、備え付けておくべき帳簿を次のように定めています。

---

① **複式簿記による場合**
　　仕訳帳と総勘定元帳
② **簡易簿記による場合**
　　現金出納帳、売掛帳、買掛帳、経費帳、固定資産台帳
③ **現金主義による場合の簡易帳簿**
　　現金出納帳、固定資産台帳

---

　①～③の帳簿には、「取引年月日」「内容」「相手先」「金額」などを記載することになっています。

　帳簿というと面倒なもののように思いがちですが、決してそのようなことはありません。帳簿の記帳はほとんどが反復した取引を簡単に目に見える形に積み重ねていくだけです。ルールを理解すれば決して難しいものではないのです。第2章では帳簿の具体（記載）例を示していますので、コツやヒントをつかんでいただければと思います。

　なお、帳簿や書類は、確定申告が終わったからといって処分することが許されるわけではありません。原則として7年間（現金預金取引関係書類以外の証拠書類、たとえば納品書などは5年間）保存しなければなりません。段ボール箱などに「○年分」と記載し、1年分の帳簿やその他の書類をまとめて保存するようにしましょう。

青色申告のその他の優遇措置について

　青色申告者は、本文で述べた申告上の特典の他に、申告後の手続きでも優遇されることがあります。

・更正の制限

　税務調査によって、申告者が計算した税額に誤りが見つかった場合（税額が少なく記載されていた場合）には、その税額を訂正し、不足していた税額に所定の罰則金（過少申告加算税など）を加えた金額を徴収されることになります。これを「更正」といいます。

　更正を行う場合、白色申告と青色申告では扱いが異なります。青色申告を適用している場合には原則として推計課税（間接的な資料によって所得金額を算出して課税すること）を行うことはできません。つまり、税務調査において、まず、帳簿書類の調査をし、その金額の誤りなどを発見した場合でなければ更正することはできないということです。これは、青色申告者の帳簿の記載を尊重するという趣旨です。一方、白色申告の場合は、推計課税を行うことができます。

・更正の理由付記

　青色申告者の更正に際して、税務署が通知する更正通知書には、その更正の理由を付記しなければならないとされています。現在においては、更正などの処分を受けた場合で、その内容に不服があるときには、税務署長に対して再調査の請求を行うか、それを行わずに最初から国税不服審判所長に対して審査請求を行うことができますので、この更正通知書の内容などによって、いずれの方法で納税者としての権利を行使するかの重要な判断材料とすることができます。

　ただし、白色申告者の更正に関しても、現在では納税者にとって不利益となる処分が行われた場合に対しても理由を付記しなければならないとされていますので、ここにおいては、青色申告書と大きく異なるところはないといえるでしょう。

第 2 章

簿記の基本と
帳簿記帳のポイント

帳簿について知っておこう

帳簿は事業者自身のためにつける

▎帳簿はなぜ必要なのか

　青色申告者は一定の帳簿をつけなければなりません。

　では、そもそもなぜ帳簿をつけなければならないのでしょうか。帳簿をつけなければ青色申告のメリット（特典）を利用することができないから帳簿をつけるのでしょうか。それとも青色申告決算書を作成するために帳簿をつけるのでしょうか。確かにこれらのような理由で帳簿をつけている事業者もいるかもしれません。しかし、帳簿をつけるのは確定申告のためなどではなく、青色申告者自身のためなのです。

　事業規模の小さな個人事業者を例にとって考えてみましょう。

　たとえば、個人でやっている青果店やフラワーショップのようなお店はどうでしょうか。いくら規模が小さいとはいえ、商売をやっているのであれば、それなりの営業活動を行うことになります。まず、商売をやるために店舗を構えようとすれば、土地や建物を購入するか、借りることになります。この場合、手持ち資金で購入代金や賃借料を払うか、または銀行などから借入れをして支払うことになります。

　また、商売のために必要な商品や材料を仕入れたりします。仕入れた商品は棚に飾ったりして消費者に販売し、仕入れた材料は加工して消費者に販売します。さらに従業員を雇ったのであれば、給料を支払う必要があります。その他にもさまざまな経費を支払います。

　個人事業者のこれらの活動はすべて営業活動の一環として行われるものですから、帳簿に記帳することになります。

　営業活動をきちんと記帳しておくことによって、儲かっているのかどうかを正確に把握できるようになります。さらに、将来の経営方針

を決定する資料とすることもできます。つまり、帳簿を正確につけることによって得をするのは、他のだれでもなく事業者自身なのです。

■ 簿記を知らなくても簡易帳簿ならつけられる

　簿記というと「なんとなく専門的でわかりにくい」と思う人もいるでしょう。しかし、簿記の知識がなくても「簡易簿記」と呼ばれる簡単な帳簿（簡易帳簿）であれば、だれでもつけることができます。ただ、複式簿記の場合は65万円または55万円の特別控除を受けられるのに対し、簡易簿記の場合は10万円の特別控除しか受けられません。

　簡易帳簿は家計簿をイメージしてもらえればよいでしょう。家計簿には「いつ、どこで、何を、いくらで」買ったかを記入します。そして、1か月間に支払った金額を合計して、今月の出費が多かったか、少なかったかなどを検討します。また、過去の支出を振り返って余分な出費はなかったかを考えてみる場合もあります。そして、その過去の家計簿をもとにしてその後のお金の使い方を改める場合もあります。

　簡易帳簿も基本はこれと一緒です。ただ、家計簿に記入するような家庭の出費は現金で支払います。また、家庭の場合「つけ（掛けという）」で支払うようなこともあまりないでしょうから、モノを買った日に支払をすることになります。

　これに対して、商売をやっているとひんぱんにモノを仕入れますから、仕入れたその日に支払いをするのではなく、一定期間（1か月程度の場合が多い）まとめて支払いをします。また、支払いをするときには、現金で支払いをする場合もありますが、現金以外に手形や小切手で支払う場合もあります。

　このように事業者の簡易帳簿は一般家庭の家計簿よりもちょっとだけ難しいかもしれませんが、家計簿がつけられるのであれば、問題なく簡易帳簿をつけることができます。まずは記帳の習慣を身につけるようにしましょう。

2 会計帳簿について知っておこう

総勘定元帳や補助元帳、現金出納帳、仕訳（日記）帳などがある

会計帳簿にはどんなものがあるのか

　取引を行う時には、内容や金額などを取引先へ通知したり、取引の事実を記録として残しておくために、書類を作成します。この書類のことを、会計帳票といいます。会計帳票のうち、1つの取引ごとに単票形式で作成したものを会計伝票、現金取引、手形取引など一定の取引のみを集めて、その履歴を時系列で記録したものを会計帳簿といいます。

　おもな会計帳簿には、総勘定元帳、補助元帳、現金出納帳、仕訳（日記）帳、手形帳、売掛帳、買掛帳などがあります。これらの他にも、会社の業務形態に応じて、さまざまな会計帳簿が存在します。

パソコン利用環境下での会計帳簿、会計伝票の処理

　総勘定元帳や補助元帳、現金出納帳、仕訳（日記）帳など会計帳簿と一言で言っても多種多様の帳簿組織（帳簿体系のこと）が考えられます。会計伝票も用途によってさまざまです。これらは日々の取引を記録し、集計するための会計ツールで、貸借対照表、損益計算書などの決算書類を作成する基礎資料になります。

　これらの会計帳簿を手作業で記帳・転記などを行うことをふまえ、経理で行われる作業に沿って説明していきましょう。

　まず、経理では起票された会計伝票の正確性がチェックされます。仕訳帳に直接記帳されている場合もあります。次に、日次単位あるいは月次単位で会計伝票や仕訳帳の仕訳を集計し、各勘定の元帳に集計金額が転記されます。これを今度は勘定の元帳ごとに再度集計して勘

定ごとの一定期間におけるフロー総額と一定時点におけるストック結果を求めます。そのフロー（取引による増減金額の総額）とストック（最終的な残高）は合計残高試算表（T/B）の形にいったんまとめられます。さらにそこから各勘定の残高金額が精算表に転記され、勘定科目を表示用に組み替えて決算書が誘導的に作成されます。

　このような作業を手作業で行うと、記帳から決算書作成まで相当な事務負担が伴うように思えますが、現在ではパソコンによる記帳が主流です。業種、規模によって何通りも構成が考えられる帳簿組織ですが、会計の世界はコンピュータに元来よくなじむため早くから高機能な経理用のソフトウェアが多数登場しています。これから始める人でも、パソコンを使えば複式簿記による記帳を行うことが比較的容易にできます。

　パソコンが今ほど普及していなかった時代に、経験のない人が1人で複式簿記の記帳を始めることは、まず不可能でした。

　しかし、今では、前述したような経理の手順を知らなくても、何がしかの取引や残高に関するデータをパソコンに入力すれば、正しいかどうかは別として必要帳票類、決算書類が出力されます。会計事務所に頼まずに事業者自らがパソコンで記帳しても、手作業のように集計転記に手間はかかりません。決算の精度は、ひとえに日々の取引データ入力の正確性と適時性に負うところが大きいといえます。

　ただし、会計ソフトを利用し、パソコンで記帳する場合であっても、会計特有のチェック項目は手作業もパソコンの場合も同じです。集計、転記の正確性チェックの負担がなくなる分、決算内容の整合性（たとえば固定資産などの償却資産と減価償却費）など、数値間の分析をしておくことが大切です。

▎総勘定元帳と補助簿の役割

　帳簿には、簿記の基礎となる主要簿と、その主要簿の記録を補う補

助簿があります。総勘定元帳は、仕訳帳とともに重要な主要簿で、現金の動きや残高、増減した取引の内容が示されます。これらの主要簿を基にして決算書（貸借対照表・損益計算書）が作成されます。また、補助簿には、補助記入帳と補助元帳があり、主要簿作成の明細を示す補助的な役割を持っています。

① 総勘定元帳の作成

　総勘定元帳は、仕訳帳に書いた仕訳を勘定科目別に書き写すことで作成します。この勘定科目ごとの帳簿を総勘定元帳といい、この書き写す作業を転記といいます。勘定科目とは、取引内容を分類するためにつけられた名称です。事業を行う際にはさまざまな取引がなされます。そのたびに、取引の記録がなされていくわけですが、その取引が何であるのかがわからなければ、お金の流れを理解することができません。そのため、勘定科目を用い、取引内容を明確にするのです。

② 補助簿の種類

　補助簿には「補助記入帳」と「補助元帳」があります。補助記入帳は、特定の取引についての明細な記録を行う帳簿をいい、補助元帳は、特定の勘定についての明細を記録する帳簿です。補助簿には多くの種類があり、各会社で必要に応じた補助簿を決定します。

紙面で帳簿をつけるときの注意点

　紙面で帳簿をつけるときの注意点は、だれでも読めるような文字で書くことです。プライベートな文書ではありませんから、自分だけが読めるような字ではいけないのは当然です。

　また、ときには後で訂正する必要も出てくる場合がありますので、マス目いっぱいの大きな字で書くのも慎むべきです。マス目の幅全体の3分の2程度の大きさで上に余白を残すようにします。文字や数字の訂正が必要になったときには、その余白部分に丁寧に訂正を書き入れ、間違えの部分は2重線で消してその上に訂正印を押します。

数字に関しては、3桁ごとにカンマ（,）を入れるようにします。桁の多い数字でも読みやすくするためです。3桁ごとにカンマを打つわけですから、最初のカンマの単位は千、次のカンマは百万、その次は十億となるわけです。

　なお、伝票や帳簿には、斜めの線や2重線が書かれている個所がありますが、これには意味があります。斜めの線は、後から文字や数字を勝手に入れられたりしないためのものです。また、2重線は仕切線などと呼ばれています。ここでおしまい（締める）という意味です。

　一方、パソコン会計の場合、訂正作業などの必要はありませんが、会社保存用の帳簿等を出力する際には、摘要欄の誤字や数値の誤りがないか十分確認し、確定したものを出力する必要があります。

▌総勘定元帳から貸借対照表と損益計算書への振り分け

　一般的に試算表とは、合計残高試算表を指し、貸借対照表と損益計算書のセットのことです。試算表には、合計試算表、残高試算表、合

■ 補助簿の種類 ･･･

補助記入帳	
現金出納帳	現金の入金・出金・残高の記録
当座預金出納帳	当座預金の預入れ・引き出し・残高の記帳
小口現金出納帳	小口現金の収支の明細を記録
仕入帳	仕入れた商品・製品・材料と金額の記帳
売上帳	販売した商品・製品・サービスと金額を記帳
補助元帳	
商品有高帳	商品の出入りと残高を記録
仕入先元帳	仕入先ごとに仕入れた商品・製品・材料・数量・金額を記帳 / 買掛金の支払いを記帳
得意先元帳	得意先ごとに販売した商品・製品・サービス・数量・金額を記帳／売掛金の回収を記帳

計残高試算表の3つがあります。その中でも合計残高試算表はその年の総取引高（貸方と借方の合計金額）と残高の両方がわかる試算表で、合計試算表と残高試算表の両方の特徴を兼ね備えています。

　この試算表は日々の仕訳処理が仕訳帳から各勘定科目の総勘定元帳へ展開され、各勘定科目の総勘定元帳から貸借対照表と損益計算書へ振り分けられることにより完成します。作成された試算表は、仕訳帳から総勘定元帳への転記が正確に行われたかどうかのチェックに使用されます。また、試算表を見れば、その年の損益の状況や財政状態を把握することもできます。

■ **帳簿の分類** ···

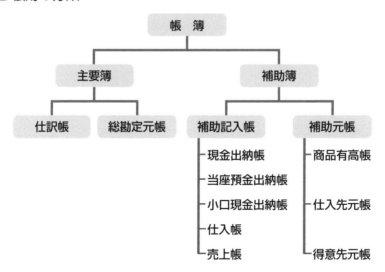

3 会計ソフトを使いこなそう

借方や貸方がわからなくても会計ソフトは入力できる

どんな会計ソフトを利用するのがよいのか

「複式簿記で頑張って記帳してみたい」という場合には、会計ソフトを利用するのが便利です。一口に会計ソフトといっても、多くの種類の会計ソフトが販売されており、価格もさまざまです。どんな会計ソフトを利用するのがよいのでしょうか。

会計ソフトの中には、簿記がよくわからなくても入力できるように作られているものも多くあります。勘定科目がわからなくても、摘要欄の文章から自動で勘定科目を判別し、現金出納帳や預金出納帳を作成できるソフトも販売されています。どこまでの機能を求めるかが、会計ソフトを選ぶ際の1つの基準になります。現在販売されている会計ソフトのほとんどは、取引（仕訳）さえ入力すれば、総勘定元帳、補助元帳、試算表や決算書（貸借対照表・損益計算書）などを自動で作成してくれます。

また、会計ソフトについているサポート体制も、選ぶ際の1つのポイントとなります。初めて会計ソフトを利用する際は、当然のようにわからないことが出てきます。そんなときに質問に答えてもらえるサポートサービスは心強い存在です。

近年では、クラウド型の会計ソフトも普及してきました。クラウド型の会計ソフトの場合は、月額または年額の使用料を支払うことで利用できます。このような会計ソフトは無料会員のプランがついていることも多いので、試しに利用しながら使用するかどうかを検討することができます。

上記のポイントをふまえても会計ソフト選びに迷ってしまう場合は、

会計事務所に相談してみましょう。会計事務所では、簿記の知識の程度や会計ソフトの特徴をふまえた上で、アドバイスをもらえます。

借方・貸方がわからなくても入力はできる

　会計ソフトを利用すれば、取引ごとに借方なのか、それとも貸方なのかを悩まなくても入力することができます。現金出納帳や預金出納帳を入力する画面を開くと、借方や貸方といった表示は出てこず、これらの区分けをせずに取引を入力することができるのです。一方、同じ会計ソフトでも、仕訳を入力する画面を開いてしまうと、借方・貸方を入力する必要があります。

　現金出納帳と預金出納帳は、どの会計ソフトにもついている機能です。これらの機能を利用して取引を入力する方法を見ていきましょう。

どんなことを準備しておくか

　現金出納帳と預金出納帳に入力するためには、現金や預金による入金や支払いがわかる書類、つまり通帳と領収証を用意する必要があります。より簡単に入力できるようにするために、記帳する前に通帳と領収証を整理しておきましょう。

　まず、通帳の内容を確認します。前述したように、通帳の入金、必要経費の支払いをマーカーなどで色分けしておくと、入力する際にとても便利です。必要経費は勘定科目ごとに色を変えるようにしましょう。

　次に、事業に関連して支出した際の領収証が勘定科目ごとにグループ分けされているか確認します。ここからさらに、支払相手先ごとに分け、日付順に並べてまとめていきます。このように支払相手先ごとに分けていくことで、より支出内容が明らかになってきますので、グループ分けした勘定科目が正しいかどうかをチェックすることもできます。

預貯金通帳の内容を確認・整理してソフトに入力する

　実際に預貯金通帳の内容を会計ソフトに入力してみましょう。通帳の内容を入力する際は、「預金出納帳」の画面を開きます。入力する項目は、日付、相手科目、摘要、金額です。

　日付については、会計ソフトによってカレンダーから選ぶタイプ、自分で入力するタイプがあります。

　相手科目は、その入金や支出が何の勘定科目に該当するのか、たとえば販売代金の入金であれば売上、電気代の自動振替であれば水道光熱費を入力することになります。どの会計ソフトも勘定科目は選択するしくみになっていると思います。

　摘要には、その入出金の詳細な内容を入力します。具体的には、入金や支払いのあった相手先名、入金または支払いの内容を記載します。たとえば、○○文房具店でコピー用紙を購入した場合には、摘要欄には「○○文房具店　コピー用紙」と入力します。

　最後に金額を入力します。金額を入力する欄は「入金」と「出金」の２つあり、そのどちらかに入力することになります。売上のように入金されたものは「入金」欄に、経費のように振り込んだり自動振替されているものは「出金」欄に入力します。ここで金額を誤って入力

■ 会計ソフト入力の準備 ……………………………………………………

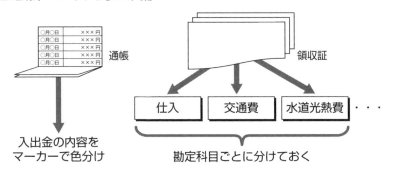

してしまうと、通帳と会計ソフトの預貯金残高がずれてしまうので正確に記載してください。

売掛金や源泉所得税の入力と処理

　販売のつど代金を受け取らずに、掛けとしている取引がある場合は、売掛帳を作成します。たとえば、クレジットカードにより売り上げた場合は、売上から入金までタイムラグがあるため、入金までの期間は売掛金として売掛帳で管理します。ただし、取引先や取引件数が少ない場合は、入金時に売上を計上する方法をとってもかまいません。

　この方法を採用する場合は、期末において、当年度の売上であるが入金が翌年度となるものをもれなく拾い、売上高に含める必要があります。この作業を行わないと、当年度の売上にもれが生じてしまうためです。そして、当年度の売上のうち翌年度に入金する分を売掛帳に記帳します。

　給与を支払う際に源泉所得税を控除している場合は、どのように入力すればよいのでしょうか。この場合は、振替伝票を用いて入力します。振替伝票は現金や預金の入金・出金が絡まない取引を入力する際に用います。振替伝票を使用する際は借方・貸方の項目が出てきますが、給与支払いの際の入力パターンは決まっているので大丈夫です。

　たとえば、給与300,000円に対して源泉所得税15,000円を差し引き、残額の285,000円を振り込んだとします。このとき差し引いた源泉所得税は納税するまで預かっていることになりますので、負債の勘定科目である「預り金」として貸方に記載します。同じく貸方には、源泉所得税を差し引いた残りの285,000円を勘定科目「普通預金」として入力します。借方には、必要経費の勘定科目である「給料」300,000円を入力します。このとき、借方と貸方の金額の合計が必ず一致するように注意します。

　振替伝票を使わず、預金出納帳で入力する方法もあります。この場

合は、いったん給与300,000円を振り込んだ後、源泉所得税15,000円を預かったというように取引を２つに分けて入力します。最初の取引では、相手科目「給料」、出金「300,000」と入力し、次の取引では相手科目「預り金」、入金「15,000」と入力します。この２つの取引を合わせれば、先ほどの振替伝票の入力内容と同じ記帳内容になります。

▌領収証を整理してソフトに入力する

　準備段階できちんと領収証を分類できていれば、現金で支払った際に受け取った領収証がまとまって用意されているはずです。これらの領収証に紐づく取引はすべて現金により支払いが行われていますので、現金出納帳の画面で入力していきます。現金出納帳の入力項目や入力方法は、基本的に預金出納帳と同じです。

　準備の段階で勘定科目ごとに領収証がグループ分けされていますので、後はグループごとに入力していけばよいのです。同じグループに分けられている領収証は、勘定科目や摘要なども同じになりますので入力を簡便化することができます。

■ 会計ソフトの入力 ……………………………………

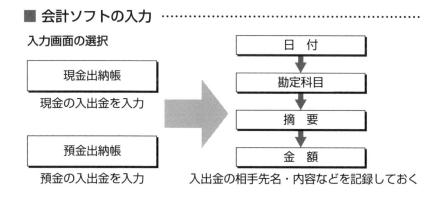

入力画面の選択

現金出納帳

現金の入出金を入力

預金出納帳

預金の入出金を入力

日　付

| 勘定科目 |

| 摘　要 |

| 金　額 |

入出金の相手先名・内容などを記録しておく

4

簿記と仕訳の全体像について知っておこう

ルールに従って仕訳をする

簿記とは何か

　事業を行っていると、毎日お金やモノの出入りがあります。仕入や販売によるモノの収支、また売上や支払いによる金銭の収支など、無数の取引があります。それらを一定のルールに従って正確に記録・集計・整理して、最終的に決算書を作成するまでの一連の作業を簿記といいます。

　決算書は、原則として1年に1度、作成します。これは、事業の1年間の営みによっていくら儲け（または損し）、財産がどう増減していったのかを明らかにするためです。決算書のおもなものは貸借対照表と損益計算書です。貸借対照表は、一定時点（おもに決算日）における財政状態（資産や負債などの残高の状況）を表わし、損益計算書は、一会計期間における経営成績（業績）を表わします。これらの決算書の完成が簿記の最終目的となります。

取引を帳簿に記入することが簿記

　簿記とは、会社のお金の出し入れを帳簿という専用の帳面に記入する作業を指します。また、帳簿を見れば、だれでもお金の動きが一目でわかるようになっている必要があります。したがって、簿記には、厳格なルールがあります。このルールを覚えることが簿記をマスターするということなのです。

　複式簿記では、後述するように、帳簿の左側を借方、右側を貸方と区別し、取引ごとに借方と貸方の両側に分けて記録します（71ページ）。

　また、それぞれの取引には、内容別に名前をつけて仕訳をします。

この名前を勘定科目といいます。1つの取引は2つ以上の勘定科目で構成され、借方と貸方の金額は必ず一致します。

決算書類の構成

　仕訳は簿記のスタートです。簿記は決算書の作成が最終目的であると前述しました。では、仕訳はどのように決算書に結びついていくのでしょうか。

　決算書類の貸借対照表や損益計算書は、「資産」「負債」「純資産（個人事業であれば資本の部）」「収益」「費用」の5つの要素によって構成されています。

　貸借対照表は、「資産」「負債」「純資産」で構成され、（借方）「資産」＝（貸方）「負債＋純資産」になります。一方、損益計算書は、「収益」「費用」で構成され、（借方）「費用（＋利益）」＝（貸方）「収益」になります。

　すべての取引は、2つ以上の勘定科目を使って借方と貸方に仕訳しなければなりません。勘定科目は、「資産」「負債」「純資産（個人事業であれば資本の部）」「収益」「費用」の5つの要素のどれかに仕訳されます。

■ 貸借対照表と損益計算書 ･･････････････････････････････

貸借対照表

| 資　産 | 負　債 |
| | 純資産 |

損益計算書

| 費　用 | 収　益 |
| 儲　け
（当期純利益(損失)） | |

5

単式簿記とはどのようなものなのか

まず、単式簿記と複式簿記の違いをしっかりと理解する

単式簿記とは

簿記には、ルールの違いによって、単式簿記と複式簿記の２種類があります。

まず、単式簿記は、家計簿が代表的なものとして挙げられます。日付、項目、摘要項目、入金、出金、残高の順で記入欄があります。項目とは、お金が入ってきた原因（給与など）、お金が出ていった原因（食費、光熱費など）を、摘要項目とは、それらをさらに具体的に記入（「牛肉、○○スーパー」など）する欄です。家計簿では、お金が出入りした日付を記入し、摘要項目を入れ、入って来たお金、出ていったお金の金額を書き込み、最後に残高を記入します。１か月間つければ、給料がいくら入って、どのようなことにお金を使い、月末にはいくらお金が残ったか、あるいは、不足したかがわかります。これがわかれば、次の月は食費や光熱費などをいくらにすればよいかといった、支出面での計画を立てやすくなります。

単式簿記とは、このように、一定期間におけるお金の単純な出入りだけを時間の経過どおりに記載する方法をいいます。単式簿記は、一定期間のお金の出入りに関して、非常にわかりやすく簡単に記載できるというメリットがあります。家計簿のように、次の期間には、どのようなお金の出し入れをすればよいか、ということなどを予測することもできます。

単式簿記の欠点

わかりやすさという点ではメリットがある単式簿記ですが、単式簿

記には、大きな欠点があります。お金の出し入れを行う主体（家計や商店など）の財産まで把握できないということです。

　家計の例で考えてみましょう。ある家庭で、家族旅行に10万円を支出したとします。一方、別の家庭では10万円で金を買ったとしましょう。家計簿（単式簿記）では、摘要項目にそれぞれ「家族旅行費用」「金の購入費用」と書かれますが、10万円に関してはともに出金項目に「10万円」と記載されるだけです。

　2つの10万円は同じ内容の出金といえるでしょうか。答えはノーです。家族旅行は使ってなくなってしまったお金ですから、当然、支出です。しかし、金の購入は、10万円の代わりに、それと同じ価値のものを手に入れたわけですから、実質的に10万円がなくなってしまったわけではありません。正確にいえば、これは、支出ではなく、投資です。つまり、10万円は家庭の財産として残っているのです。しかし、単式簿記では、お金が減ったこと以外の事実はわからないのです。

　同じことは入金についてもいえます。100万円を借金して得ても、働いて得ても、家計簿上は入金です。しかし、同じ入金項目でも、借金の100万円を見て、「私もお金持ちになったものだ」と満足する人はいません。働いて得たお金は財産の一部になりますが、借金はいつか返済しなければなりませんので、財産を減らす性格のもの（これを負

■ 単式簿記の例 ……………………………………………………

	項目	摘要項目	入金	出金	残高
4/1	前月繰越				10,000
4/5	売上	Ｘ商店　〇〇	10,000		20,000
4/10	光熱費	電気代３月分		2,000	18,000
4/15	消耗品費	Ｙ商店　文房具		1,500	16,500
4/20	売上	Ｚ株式会社　××	5,000		21,500
4/30	仕入	株式会社Ａ　△△		7,000	14,500

の財産ともいいます）になるからです。

　このような単式簿記の欠点は、普通の生活状況とは違ったトラブルが起こったときに、適切な対応ができないという形で現れます。

　たとえば、勤め先の会社が倒産し、今後の生活を考える場合、貯金や家、自動車、株式、債券といった財産がいくらあるかを把握し、それらを生活費に変えることを考えなければならないでしょう。しかし、家計簿は毎月給料が入ってくるのが前提で、それをどう使ったかを記載しているだけなので、いくら眺めてもそれらに対する答えは出ません。

　事業を経営しているのであればなおさらです。たとえば倒産の危機に陥ったときに、単式簿記では、対策を立てるのが困難です。

　経理担当者にとって「お金の出し入れを把握する」ということは、単に、限られた期間における単純なお金の出入りだけを理解すればよいということではありません。家計や商店の持つすべての財産を、借金などの負の財産も含めて把握するということなのです。

■ 単式簿記の欠点 ……………………………………………………

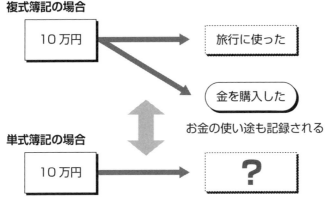

複式簿記の場合

10万円 → 旅行に使った

→ 金を購入した

お金の使い途も記録される

単式簿記の場合

10万円 → ？

「お金が減った」という事実以外はわからない

6

複式簿記について知っておこう

お金の出入りを「取引」として捉える

▌単式簿記の欠点を克服するためにできた複式簿記

前述した単式簿記の欠点を克服するためにできたのが、複式簿記です。つまり、お金の出入りを財産の増減も含めた観点から捉えられるようにしたものです。

お金は、湧いて出てくるものではありません。反対に突然、消えてなくなるものでもありません。お金が入ってくる際には、働いたり、借金したりという理由やきっかけがあるのです。また、働いて得たのであれば、財産ですし、借金をして得たのであれば、負の財産です。

一方、お金が出ていく際には、必ず代わりに何かが手に入るはずです。手に入ったものが金の延べ棒であれば、お金は財産に変わったわけですし、家族旅行であれば、旅行代金が出ていく代わりに家族旅行というサービスを得たことになるわけです。したがって、「財産の増減まで見えるように、お金の出入りを把握する」には、お金が入ってきた際にはその理由やきっかけを、出ていった際には、そのお金が何に変わったのかまで記載すればよいことになります。

複式簿記はこれを実現しました。同じ入金でも、借金で得たのか、働いた結果、給料として得たのかが明確にわかるように記載できます。出金の場合も同じです。お金が出ていった代わりに、家族旅行に行ったのか、それとも金の延べ棒を購入したのかが明確にわかるように記載できます。

▌複式簿記ではお金を取引と考える

複式簿記では、お金の出入りをそれに対応する何かと交換するとい

うような「取引」として考えます。「取引」を行った結果の対価として、だれかが持っているお金を得たり、だれかにお金を払ったりすることによって増えたり減ったりするのです。このように、「取引」することによってお金が増減するということは、当たり前の考え方でもあります。

　お金の出入りを「取引」と考えることによって、単式簿記とはまったく違うものが見えてきます。同じ10万円の出金でも、家族旅行の代金として旅行会社と取引（交換）したと考えればそれは消費、金の購入のために金の取引業者と取引（交換）したと考えればそれは投資と、財産の増減まではっきり把握できるからです。

　したがって、複式簿記で記帳するということは、お金の「取引」を記載することだといえます。そして、複式簿記の記帳項目の借方、貸方こそが、この「取引」を記載する項目になるのです。

左側を「借方」、右側を「貸方」と呼ぶ

　複式簿記で記帳するということは、お金の「取引」を記載することです。複式簿記は、日付、借方、貸方、金額、摘要といった項目が設定されています。複式簿記では、取引を帳簿に記入する際、帳簿を左右に区別し、取引ごとに左と右の両側に分けて記録します。左側を借方、右側を貸方と呼びます。このように、取引を借方と貸方に分けて記録することを仕訳といいます。具体的には、取引の際に「私（家計や商店）がどうした」という項目を借方に、「取引相手がどうした」あるいは「なぜ、私（家計や商店）はこんなことができたのか」という項目を貸方に記載します。

　それぞれの取引を記録する際は、内容別に名前（勘定科目）をつけます。1つの取引は借方、貸方合わせて2つ以上の勘定科目で構成されます。

借方と貸方の記載の仕方

　借方と貸方は、取引による財産の変動を「原因と結果」の関係で表わすものです。借方と貸方のルールとして、まず、借方には財産の増加、貸方には財産の減少が入るということを覚えておくとよいでしょう。

　以下で家計簿を複式簿記にした場合の記載例を見てみましょう。

　金の購入で10万円を使った時には、借方と貸方の「金額」の項目に10万円と記載し、借方に「金（財産の受領）」と書きます。「私が金という財産を得た」からです。さらに、貸方には「現金（金の購入代金）」と記載します。金を購入できる理由は、「私が金の販売会社に現金10万円を支払った（販売会社が現金10万円を受領した）」からです。

　この仕訳は、財産が増加した場合はその財産を表す勘定科目を借方に、財産が減少した場合はその財産を表す勘定科目を貸方に記載するというルールに沿ったものです。金の購入取引によって、金という財産が増えたわけですから、借方には「金」を記載します。また、金を購入するために現金という財産が減少したため、貸方には「現金」が記載されるのです。

　この場合、借方と貸方の金額は双方ともに10万円となります。このように借方と貸方の金額は同じになるということが重要です。これは、複式簿記の基本中の基本ですので、忘れないようにしましょう。

■ 複式簿記の例 ┈┈┈┈┈┈┈┈┈┈┈┈┈┈┈┈┈┈┈┈┈┈┈┈┈┈┈┈┈┈┈┈┈

● 現金10万円を使って金を購入したケース

借　　方		貸　　方	
金（財産の受領）	100,000	現金（金の購入代金）	100,000

借方と貸方の金額は同じになる

7

勘定科目を覚えよう

お金の出入りをだれでも一目でわかるようにするためのテクニック

勘定科目とは

　複式簿記の考え方、仕訳の基本的なやり方がわかれば、簿記に関する基本はクリアしたといってよいでしょう。ただ、簿記には、ルールに従ってお金の出入りを記帳するということの他に、もう1つ大きな目的がありました。それは、「だれが見ても一目でお金の動きがわかるようにする」ということです。このもう1つの大きな目的を実現するのが、勘定科目ごとにお金の出入りをまとめるという作業です。勘定科目を理解すれば、お金の出入りを上手にまとめるテクニックが身につくのです。

　勘定科目とは、家計簿（単式簿記）でいえば、「項目」、複式簿記でいえば、借方、貸方に記入する事柄のことです。記帳された金額がどういった内容であるかを表現するための名前であるともいえます。たとえば、家族旅行で10万円使った場合は、家計簿であれば「家族旅行費」、複式簿記では借方に「家族旅行費」、貸方に「現金（家族旅行代金）」と書きます。これらの「家族旅行費」「現金」が勘定科目です。

勘定科目ごとにお金の出入りをまとめる

　勘定科目ごとにまとめるわけですから、具体的なお金の出入りをある程度のカテゴリーに分ける必要があります。逆にいえば、ある程度のカテゴリーになるように勘定科目を設定しなければなりません。

　お金の出入りがカテゴリー別に当てはまるように勘定科目を設定するのは、それほど困難ではありません。たとえば、家計簿の場合、入金の場合の勘定科目は「収入」と「借入」、出金の場合の勘定科目は

「食費」「光熱費」「家賃」「ローン」「娯楽費」「教育費」などと設定すればよいでしょう。こうすれば、家族旅行による出費も、家族で映画を見にいったときの入場料も「娯楽費」という1つのカテゴリーに入れることができ、「家族旅行費」と「映画」という2つの勘定科目を設定した場合よりも支出を一目でわかりやすくすることができます。

この家計簿の例から、お金の出入りが一目でわかるようにするためには、勘定科目をできる限り少なく設定すればよいということがわかると思います。入金で「借入」がない家庭であれば、「借入」の勘定科目を除き、子どもがいない家庭であれば出金の「教育費」を勘定科目から除けば、お金の出入りがさらに見やすくなるはずです。

▍基本的に自由に設定できる

家庭には、子どもがいる家庭、いない家庭、大家族、核家族など、さまざまな形があります。その形によって、お金の出入りの仕方も変わりますので、勘定科目も変わります。個人事業も同じです。業種、業態によって、お金の出入りの仕方や内容が違いますので、勘定科目も変わります。ただ、だれが見ても一目でお金の出入りがわかるように配慮する必要があります。そこで、基本的には、どの個人事業主も一定のカテゴリーに従って勘定科目を設定しています。

まず、勘定科目で最も大きなカテゴリーは、「資産」「負債」「純資産（個人事業であれば資本の部）」「収益」「費用」の5つです。資産とは「財産」、負債とは「借金」、純資産とは「資本金（個人事業の場合、資本金に代わる勘定科目として元入金、82ページ）」、収益とは「収入」、費用とは「収入を得るために使ったお金」のことです。お金の出入りは、この5つの勘定科目の中のどれかに必ず入ります。

ただ、この5つの勘定科目に従ってお金の出入りを分類すれば、簿記の大きな目的である「（お金の出入りが）一目でわかる」ようになるかというと、そうではありません。できる限り少なく勘定科目を設

定したほうがわかりやすくなりますが、勘定科目を5つだけに絞って
しまうと、今度は、あまりにシンプルになりすぎて、かえって実体が
見えなくなってしまうからです。たとえば、資産といってもその中身
は現金、手形、土地、在庫などいろいろあります。これらをやみくも
にまとめて「資産」として記載しても、事業の実際の姿はわかりませ
ん。一方、5つの勘定科目は、究極の簡素化を行った結果に生み出さ
れたものですので、非常に重要なものでもあります。たとえば、ある
商店の負債の金額が資産の金額よりも多ければ、その商店は「債務超
過（借金が財産よりも多い状況）」とわかります。5つの勘定科目に
絞り込んだことで「一目で」判断できるのです。

　そこで、実際の簿記では、これらの大きな勘定科目の中にさらにい
くつかの勘定科目を設定して記帳します。そうすることによって、よ
うやく、事業の実態を含めて「一目でわかる」ようになるのです。

　貸借対照表や損益計算書においても、大きく分けた5つの勘定科目
の金額がいくらなのか、さらにその中に設定された勘定科目の金額が
いくらなのかがわかるように表示されています。5つの勘定科目のう
ち、「資産」「負債」「純資産（資本）」は貸借対照表に、「収益」「費
用」は損益計算書に表示されます。

■ 5つのカテゴリーに含まれる代表的な勘定科目 ………………

資　産	現金、当座預金、普通預金、受取手形、売掛金、建物、土地
負　債	支払手形、買掛金、預り金、借入金、未払金
純資産	資本金（元入金）、利益剰余金
費　用	仕入、給料、支払利息、地代家賃、旅費交通費、交際費
収　益	売上、受取利息、受取手数料

■ おもな取引内容（摘要）と勘定科目の対応表 ·····················

摘　要	勘定科目（区分）	摘　要	勘定科目（区分）
あ行		応接セット （少額消耗品）	消耗品費（費用）
預入れ	当座預金（資産）	お茶代	福利厚生費（費用）
預入れ	普通預金（資産）	お茶代	会議費（費用）
アルバイト給料 〇月分	給料（費用）	**か行**	
インターネット 使用料	通信費（費用）	（債権）回収不能額	貸倒損失（費用）
椅子（少額消耗品）	消耗品費（費用）	会計ソフト （少額消耗品）	消耗品費（費用）
椅子	什器・備品（資産）	会計ソフト	ソフトウェア （資産）
祝金　〇〇氏 （取引先）	交際費（費用）	買掛金支払い	買掛金（負債）
祝金　〇〇（社員）	福利厚生費（費用）	会社設立費用	創立費（資産）
印刷代	広告宣伝費（費用）	貸倒引当金計上	貸倒引当金 （マイナスの資産）
印刷代 （インクなど）	事務用品費（費用）	貸倒引当金計上	貸倒引当金繰入 （費用）
飲食代 （取引先との会食）	交際費（費用）	貸倒引当金 取り崩し	貸倒引当金戻入 （収益）
飲食代 （打ち合わせ時）	会議費（費用）	貸付け	短期貸付金（資産）
飲食代 （社内行事等）	福利厚生費（費用）	貸付け	長期貸付金（資産）
印紙代	租税公課（費用）	会議資料作成費	会議費（費用）
内金入金	前受金（資産）	開業資金	資本金（純資産）
裏書手形	受取手形（資産）	開業費用	開業費（資産）
売上	売上高（収益）	借入れ	短期借入金（負債）
売上（掛け）	売掛金（資産）	借入れ	長期借入金（負債）
売掛金入金	売掛金（資産）	借入金返済	短期借入金（負債）
運送料	仕入高・運賃（費用）	借入金返済	長期借入金（負債）
延滞税	租税公課（費用）	借入金利息	支払利息（費用）
応接セット	什器・備品（資産）	掛け代金入金	売掛金（資産）

摘　要	勘定科目（区分）	摘　要	勘定科目（区分）
掛け代金支払い	買掛金（負債）	空調設備	建物付属設備（資産）
書留代	通信費（費用）	蛍光灯代	消耗品費（費用）
加工賃代	外注加工費（費用）	携帯電話購入代	消耗品費（費用）
加工賃収入	売上高（収益）	携帯電話通話料	通信費（費用）
火災保険	保険料（費用）	経費仮払い	仮払金（資産）
加算金・加算税	租税公課（費用）	健康診断	福利厚生費（費用）
ガス代	水道光熱費（費用）	健康保険料（会社負担）	法定福利費（費用）
ガソリン代	車両費（費用）	健康保険料（本人負担）	預り金（負債）
株式購入	有価証券（資産）	減価償却	減価償却費（費用）
株式購入手数料	有価証券（資産）	減価償却	減価償却累計額（マイナスの資産）
株式購入（長期保有）	投資有価証券（資産）	現金過不足（超過）	雑収入（収益）
株式売却（利益）	（投資）有価証券売却益（収益）	現金過不足（不足）	雑損失（費用）
株式売却（損失）	（投資）有価証券売却損（費用）	原材料費	仕入高（費用）
株式売却手数料	支払手数料（費用）	原材料費（在庫）	材料（資産）
カタログ代	広告宣伝費（費用）	源泉所得税	預り金（負債）
管理料（不動産）	支払手数料（費用）	コーヒー代（来客）	会議費（費用）
切手代	通信費（費用）	コーヒー代	福利厚生費（費用）
切手代（未使用分）	貯蔵品（資産）	航空運賃	仕入高・運賃（費用）
機械購入	機械（資産）	航空チケット代	旅費交通費（費用）
機械リース料	賃借料（費用）	航空便（書類など）	通信費（費用）
期末商品棚卸し	期末商品棚卸高（売上原価）	工場用建物	建物（資産）
期末（期首）商品	商品（資産）	厚生年金保険料（会社負担）	法定福利費（費用）
期末（期首）製品	製品（資産）	厚生年金保険料（本人負担）	預り金（負債）
求人広告	広告宣伝費（費用）		
給料〇月分	給料（費用）		
クリーニング代	雑費（費用）	香典　（取引先）	交際費（費用）

摘　要	勘定科目（区分）	摘　要	勘定科目（区分）
香典（社内）	福利厚生費（費用）	事業所税	租税公課（費用）
公認会計士顧問料	支払手数料（費用）	自動車税	租税公課（費用）
小切手振出し	当座預金（資産）	自動車保険	保険料（費用）
小切手受け取り	現金（資産）	児童手当拠出金	法定福利費（費用）
小切手帳	事務用品費（費用）	支払代金（仕入以外）	未払金（負債）
国債購入費用	有価証券（資産）	事務所用建物	建物（資産）
国債購入費用 （長期保有）	投資有価証券 （資産）	事務所家賃	賃借料（費用）
国債売却（利益）	（投資）有価証券 売却益（収益）	敷金支払い	敷金（資産）
国債売却（損失）	（投資）有価証券 売却損（費用）	車検費用	車両費（費用）
		車両購入費用	車両（資産）
コンピュータ 使用料	賃借料（費用）	出産祝い（取引先）	交際費（費用）
ゴミ袋	消耗品費（費用）	出産祝い（社内）	福利厚生費（費用）
ゴミ処理代	雑費（費用）	出張手当	旅費交通費（費用）
さ行		出張代	旅費交通費（費用）
財形貯蓄	預り金（負債）	社会保険料 （本人負担）	預り金（負債）
雑誌代	新聞図書費（費用）	社会保険料 （会社負担）	法定福利費（費用）
残業代	給料（費用）		
仕入れ	仕入高（費用）	社会保険労務士 手数料	支払手数料（費用）
仕入れ（掛け）	買掛金（負債）	司法書士手数料	支払手数料（費用）
仕掛品計上	仕掛品（資産）	収入印紙	租税公課（費用）
試供品	広告宣伝費（費用）	収入印紙(未使用分)	貯蔵品（資産）
消耗品	消耗品費（費用）	宿泊代	旅費交通費（費用）
新聞代	新聞図書費（費用）	修理代	修繕費（費用）
賞与	賞与手当（費用）	消費税（税込経理）	租税公課（費用）
住民税（特別徴収）	預り金（負債）	消費税(中間・確定)	未払消費税等 （負債）
事業税	法人税等（費用）	消費税（税抜経理）	仮払（仮受）消費 税等（資産・負債）

摘　要	勘定科目（区分）	摘　要	勘定科目（区分）
照明器具 （少額消耗品）	消耗品費（費用）	仲介手数料	支払手数料（費用）
照明器具	什器・備品（資産）	中元費用	交際費（費用）
書籍購入代	新聞図書費（費用）	町内会費	諸会費（費用）
水道代	水道光熱費（費用）	チラシ制作費用	広告宣伝費（費用）
清掃代	雑費（費用）	机（少額消耗品）	消耗品費（費用）
制服代	福利厚生費（費用）	机	什器・備品（資産）
歳暮	交際費（費用）	手形受け取り	受取手形（資産）
生命保険料	保険料（費用）	手形振出し	支払手形（負債）
税理士顧問料	支払手数料（費用）	手形帳	事務用品費（費用）
前期末商品 繰り越し	期首商品棚卸高 （売上原価）	手形割引	受取手形 （資産をマイナス）
洗車代	車両費（費用）	手形の割引料	手形売却損（費用）
倉庫取得費	建物（資産）	手形裏書	受取手形 （資産をマイナス）
倉庫使用料	賃借料（費用）	手付金	前渡金（資産）
損害保険料	保険料（費用）	手付金の受け取り	前受金（負債）
速達代	通信費（費用）	店舗	建物（資産）
た行		店舗使用料	賃借料（費用）
宅配料金	運賃（費用）	電球	消耗品費（費用）
タクシー代	旅費交通費（費用）	電気設備	建物付属設備（資産）
タクシー代 （取引先飲食後）	交際費（費用）	電気代	水道光熱費（費用）
棚（少額消耗品）	消耗品費（費用）	電池代	消耗品費（費用）
棚	什器・備品（資産）	伝票購入	事務用品費（費用）
ダイレクトメール 製作費	広告宣伝費（費用）	電報代	通信費（費用）
段ボール	消耗品費（費用）	電話代	通信費（費用）
茶菓子（来客時）	会議費（費用）	トイレット ペーパー	消耗品費（費用）
駐車場代	賃借料（費用）	灯油代	水道光熱費（費用）
		登録免許税	租税公課（費用）

摘　要	勘定科目（区分）	摘　要	勘定科目（区分）
時計（少額消耗品）	消耗品費（費用）	備品購入 （少額消耗品）	消耗品費（費用）
時計	什器・備品（資産）	備品購入	什器・備品（資産）
特許料	特許権（資産）	文具代	事務用品費（費用）
特許出願料	特許権（資産）	ファックス通信料	通信費（費用）
特許登録費用	特許権（資産）	プリンター （少額消耗品）	消耗品費（費用）
特許権購入	特許権（資産）	プリンター	什器・備品（資産）
土地購入	土地（資産）	複合機 （少額消耗品）	消耗品費（費用）
トナー代	事務用品費（費用）	複合機	什器・備品（資産）
トラック	車両・運搬具（資産）	複合機リース代	賃借料（費用）
な行		不動産取得税	租税公課（費用）
日当（出張時）	旅費交通費（費用）	振込手数料	支払手数料（費用）
荷造費用	運賃（費用）	不渡手形	不渡手形（資産）
のれん	のれん（資産）	部品代	消耗品費（費用）
は行		弁護士顧問料	支払手数料（費用）
売却代金 （売上以外）	未収入金（資産）	弁当代（会議）	会議費（費用）
パソコン （少額消耗品）	消耗品費（費用）	法人税（確定）	法人税等（費用）
パソコン	什器・備品（資産）	法人税（確定）	未払法人税等 （負債）
パッケージソフト （少額消耗品）	消耗品費（費用）	法人住民税	法人税等（費用）
パッケージソフト	ソフトウェア （資産）	忘年会費用	福利厚生費（費用）
ハガキ代	通信費（費用）	包装資材	消耗品費（費用）
配当受け取り	受取配当金（収益）	ホームページ 製作費	広告宣伝費（費用）
ビル管理費	支払手数料（費用）	保険料	保険料（費用）
引取運賃（資産）	資産の名称（資産）	ボイラー	建物付属設備（資産）
引取運賃（商品）	仕入高（費用）	保守点検費用	修繕費（費用）
引取運賃	運賃（費用）	保証料	支払手数料（費用）

摘　要	勘定科目（区分）	摘　要	勘定科目（区分）
保証料 （翌期以降分）	前払費用・長期前払費用	冷暖房	建物付属設備（資産）
保証金 （返還される）	保証金（資産）	労災保険料	法定福利費（費用）
保証金 （返還されない）	長期前払費用（資産）	その他	
ま行		EMS（国際スピード郵便）代	通信費（費用）
前払い金	前渡金（資産）	EMS 代（小包）	運賃（費用）
前払い金（建物）	建設仮勘定（資産）	LAN 環境設備 （少額消耗品）	消耗品費（費用）
名刺	事務用品費（費用）	LAN 環境設備	什器・備品（資産）
メンテナンス代	修繕費（費用）		
や行			
役員報酬	役員報酬（費用）		
家賃	賃借料（費用）		
家賃の受け取り	家賃収入（収益）		
郵便代	通信費（費用）		
郵便小包	運賃（費用）		
郵便為替証書	現金（資産）		
用紙代	事務用品費（費用）		
預金利息	受取利息（収益）		
ら行			
リース料	賃借料（費用）		
リース料(資産計上)	リース資産（資産）		
リース料 （資産）の支払	リース債務（負債）		
冷蔵庫 （少額消耗品）	消耗品費（費用）		
冷蔵庫	什器・備品（資産）		
冷暖房 （少額消耗品）	消耗品費（費用）		

8 資産・負債・収益・費用と 仕訳について知っておこう

借方・貸方のどちらに記載するかは仕訳の対象と対象の増減で決まる

各勘定科目をどのように仕訳していくのか

　勘定科目を用いた仕訳について見ていきましょう。取引の仕訳には借方と貸方がありますが、どちらに記載するかについては仕訳の対象が何なのか、またその対象が増えたのか、減ったのかによって決まります。具体的には、資産が増えたときは借方に、減ったときは貸方に記載します。反対に、負債が増えたときは貸方に、減ったときは借方に記載します。売上などの収益項目については、その収益が発生した時は貸方に記載します。一方、売上原価などの費用が生じた場合は、借方に記載することになります。

資産・負債についての仕訳

　では、前項目までに見てきた勘定科目をふまえて、実際に仕訳をしてみましょう。

　手持ちの現金30万円で店舗に設置するための陳列棚を購入したとします。その場合、仕訳は以下のようになります。

（借方）工具器具備品　300,000円　／　（貸方）現金　300,000円

　資産が増えた場合、借方にはその増えた資産を記載します。この場合、「陳列棚」という資産が増えたわけですから、借方には陳列棚を含むカテゴリーである「工具器具備品」を入れます。一方で、資産が減った場合は、その減った資産を貸方に記載します。この例では、「現金」という資産が減ったわけですから、貸方には「現金」と記載します。

　このように借方には増加した資産を、貸方には減少した資産を記載

します。

　一方、銀行から現金100万円を借り入れた場合の仕訳は以下のように
なります。

　（借方）現金　1,000,000円　／　（貸方）借入金　1,000,000円

　先ほどの陳列棚を購入したときの例と同じく、借方には増えた資産
を記載します。この場合、現金という資産が増加したため、借方には
「現金」100万円が記載されています。一方、この現金を手に入れるた
めに、借入金が増加しています。負債が増加した場合は、貸方にその
負債を記載します。この場合、「借入金」という負債が増加したわけ
ですから、貸方には「借入金」100万円を記載します。

　ここで、重要なことがわかると思います。手持ちの現金で陳列棚を
購入した場合は、借方の「工具器具備品」も、貸方の「現金」も同じ
「資産」のカテゴリーに含まれます。したがって、購入前と購入後で
資産の金額に変化はありません。しかし、借入れをした場合は、借方
の「現金」は資産ですが、貸方の「借入金」は負債になるのです。し
たがって、この場合は、現金を借り入れた時点で、資産は100万円増
えた一方、負債も100万円増えたことになります。

　なお、法人の場合、貸借対照表には「資産」「負債」以外に「純資
産」というカテゴリーがあります。しかし、個人事業の貸借対照表に
は、そもそも「純資産」がありません。「純資産」の中の勘定科目の
1つ「資本金」に代わるものとして、個人事業では「元入金」という
勘定科目を使います。「元入金」とは、個人事業主が事業のために準
備した資金を表す勘定科目です。

▎収益・費用についての仕訳

　収益と費用は損益計算書を構成する勘定科目ですので、会社の損益
に影響します。たとえば得意先へ商品を販売した場合の仕訳、仕入先
から商品を仕入れた場合の仕訳、経費の支払いを行った場合の仕訳な

どがこれに該当します。具体的な仕訳の例で見ていきましょう。

収益項目が貸方に発生すると、収益の増加を意味します。

たとえば得意先へ商品を販売して現金1万円を受け取った場合は、以下の仕訳になります。

（借方）現金　　　　　10,000円　／　（貸方）売上　10,000円

この場合、収益である「売上」が増加したと同時に、資産である「現金」も同額だけ増加していることがわかります。

また、費用項目が借方に発生すると、費用の増加を意味します。たとえば従業員の給与20万円を現金で支払った場合、以下のような仕訳になります。

（借方）従業員給与　200,000円　／　（貸方）現金　200,000円

ここでは、「従業員給与」という費用が借方に記載されているために、当該費用が増加していることがわかります。同時に、「現金」が貸方に記載されていることから、資産である「現金」が減少していることがわかります。

このように、仕訳をすることによって、取引ごとに勘定科目が借方と貸方に振り分けられ、最終的には決算書が作成されることになります。具体的には、日次単位ないし月次単位で仕訳を集計して各勘定元帳に集計金額が転記されます。これを今度は勘定元帳ごとに再度集計して、勘定ごとの一定期間におけるフロー総額と一定時点におけるストックを求めます。そのフロー（取引による増減金額の総額）とストック（最終的な残高）は、いったん試算表（T／B）の形にまとめられます。その上で勘定科目を表示用に組み替えて、貸借対照表と損益計算書が作成されることになります。

9 伝票や証憑書類の扱いはどうすればよいのか

伝票は簿記の仕訳に準じて記入し、振替伝票は摘要欄を活用する

伝票の種類

　発生した取引は、そのつど仕訳帳に記録する場合と、伝票によって記録し、作業の分担と効率化を図る場合があります。仕訳帳も伝票も、総勘定元帳への転記のもとになります。伝票会計制度は、何種類の伝票を使用するかにより1伝票制、3伝票制、5伝票制があります。伝票の種類としては、以下のものがあります。

① 仕訳伝票 … 仕訳帳の代わりに記録する個々の取引
② 入金伝票 … 現金の入金に関する取引
③ 出金伝票 … 現金の出金に関する取引
④ 振替伝票 … 現金に関係のない取引
⑤ 売上伝票 … 売上に関する取引
⑥ 仕入伝票 … 仕入に関する取引

パソコン会計で伝票を処理する場合の注意点

　以前は会計と言えば、伝票そのものを綴りこみ、帳簿への記載を不要とした伝票会計が多く用いられていました。最近では省力化やパソコンが普及していることから、パソコン会計がおもな会計方法となっています。独自のパソコン会計を使用している商店では、伝票も独自のものを使用する場合もあり、中には省力化が進み、ペーパーレスで伝票形式のデータのみを画面の中で作成するという場合もあります。このように、形式はさまざまですが、基本的なしくみはすべて共通しているといえます。

　パソコン会計でも多くの場合、取引の一つひとつを伝票に記録しま

す。振替伝票などに記録した内容を、会計ソフトに入力するという方法です。データを打ち込んでさえおけば、たとえば売上や仕入の状況など、知りたい情報を容易に確認することができるというメリットがあります。ただし最初の記録の段階で誤りがあると、すべての帳票に影響が出てしまいます。書き写す作業の場合では気づくような誤りでも、画面で見ると案外見過ごしてしまうものです。データの基となる伝票などを作成、入力する際には十分注意をする必要があります。

▌ 伝票の書き方

　伝票とは、取引ごとに取引の日時、取引した物、取引した量、取引の金額を記したカードです。前述した6種類の伝票には、いずれも、取引日、領収書や請求書など取引の証拠となる書類のNo.、取引先の名前、勘定科目、取引金額、取引の内容（摘要）、消費税といった記入項目が並んでいます。会計担当者はそれらの項目に必要事項を記入していくわけです。これが「伝票を起こす」という作業です。伝票は、取引が発生したごとに毎日、起こすことになります。それぞれの伝票は、簿記で決められている仕訳方法に準じて記入を行いますが、パソコン会計の振替伝票入力では摘要欄を上手に活用しましょう。

　摘要欄を上手に活用するには、おもに「取引の日」「取引を行った担当者名」「経費の目的や内容」「支払った取引先の会社名や担当者名等」「支払先の詳細やどこで費用が発生したのか」「単価など支払金額の詳細」の項目を記入しておきます。

■ 伝票制 ･･

1伝票制	仕訳伝票
3伝票制	入金伝票、出金伝票、振替伝票
5伝票制	入金伝票、出金伝票、振替伝票、売上伝票、仕入伝票

ただし、すべての伝票にこれらをこと細かく記入する必要はありません。たとえばコピー機をリースした際に毎月固定額を支払うリース料（賃借料）の場合には、リース会社との取引が少なければ「○○リース　○月分」だけでも足りるということになります。

領収書を受け取ることができない場合の対応

日常の取引の中で、相手方から受け取る領収書や納品書などの取引の証拠となる書類（証憑書類）は記録として経理上重要な書類です。その一方で、慶弔金や公共交通機関での切符など、領収書の発行されないケースもあります。領収書を受け取ることができない場合には、明細を記入した証明書類が必要となります。特定のフォームを作成し、必ず本人に書いてもらうようにします。

・慶弔金等の場合

招待状や会葬礼状など、出席や参列した証拠となる書類に金額を書いて保存します。

・電車やバスなどの交通費

交通費精算書などに、利用した交通機関、経路、金額の明細を書いて保存します。

・その他の場合

支払証明書などに支払事由を書いて保存します。

伝票・証憑書類の整理

伝票や証憑書類の整理は、月別、日付順に通し番号をつけ、ノートなどに貼り付けて保存するのが一般的です。これ以外にも科目別に整理する方法があり、それぞれ日付順、内容別、相手先別に整理します。証憑書類の種類によって使い分けます。整理した書類については、法律で、定められた期間（93ページ）中は保存しなければなりません。

Q 少額の交通費を経費として処理するにはどうしたらよいのでしょうか。

A 少額の交通費の支払いが生じたとしても、領収書が発行されなかったり、もしくは領収書をもらうのが非常に煩雑であったりします。たとえば、電車やバスなどの公共交通機関を利用して取引先との打ち合わせに向かうといった場合に、切符を購入したりバスの乗車を行ったとしても、領収書は基本的に発行されません。また、現在はSuicaなどの電子マネーを利用して乗降するのが主流となっており、そのような場合にいちいち駅の窓口やバスなどで領収書を発行してもらうことは現実的ではありません。

　経費として処理するために、支払った証明としての領収書等の存在は重要です。しかし経費処理する上で重要な点は、その支出が事業に関係しているかどうかであり、支出の証明ができれば必ずしも領収書の形でなくてもよいのです。公共交通機関を利用した際の支出であれば、経路や移動の目的などを記載した交通費精算書のフォームを自分で作成し、それを継続して運用していれば、そのフォーム自体が支出を証明する資料として代用できます。このようなフォームを使用して支出を証明するときは、日付、利用した交通機関、移動区間、移動目的（取引内容）、金額を明記し、事業に関連した支出であることを明らかにします。

　ただし、飛行機、タクシー、新幹線、特急列車などを利用して移動する際は、通常は支出額も高額になりますので領収書をもらうようにしましょう。

10 伝票を使用した仕訳の仕方について知っておこう

複式簿記のルールに沿って記入する

入金伝票と出金伝票の仕訳

　伝票といっても、項目にただ必要事項を書き込めばよいというわけではありません。伝票に記入する際は複式簿記の原則に従う必要があります。つまり、仕訳作業が必要なのです。入金伝票と出金伝票で重要なことは、勘定科目の項目が1つしかない点です。複式簿記であれば、借方と貸方の2つの勘定科目があるはずです。しかし、入金伝票は現金が会社に入ってくる取引を記録する伝票で、出金伝票は会社からお金が出ていく取引を記録する伝票と、初めから目的が決まっています。したがって、入金伝票の借方は現金、出金伝票の貸方は現金と初めから決まっていることになります。そこで、「現金」の勘定項目、つまり入金伝票の借方および出金伝票の貸方の勘定項目を省いているのです。

　それでは、入金伝票と出金伝票の具体的な記入方法について見ていきましょう。まず、「入金伝票」の図（90ページ）を参考にしながら、入金伝票の記載方法を見ていきます。設例は、10,000円の商品を販売し、代金を現金で受け取った場合です。複式簿記の仕訳では以下のように処理します。

（借方）現金　10,000円　／　（貸方）売上　10,000円

　入金伝票では、借方が「現金」であると決まっていますから、貸方の勘定科目である「売上」のみを勘定科目欄に記入します。金額は借方・貸方とも同額の1万円となります。合計欄は、書き足しなどによる不正を防ぐ役割もありますので、忘れずに記入しましょう。そして、日付・Noなどその他の必要事項も記入します。入金先は、商品を販

売した相手先の名前です。ただし一般消費者へ商品を販売する小売業の場合、固定客以外は特に記入しないことが多いようです。摘要欄には販売した商品名などを記入します。

　次に、図（90ページ）を参考にしながら、出金伝票の場合の記載方法を見ていきます。1,500円の文房具を現金で購入した場合を設例としています。文房具は、一般的には「事務用品費」に分類されます。複式簿記の仕訳では、以下のようになります。

　（借方）事務用品費　1,500円　／　（貸方）現金　1,500円

　出金伝票では、貸方が「現金」と決まっています。そのため、借方の勘定科目である「事務用品費」のみを勘定科目欄に記入します。金額および合計欄は、借方・貸方とも同額で1,500円です。そして、日付・Noなど残りの項目を記入していきます。出金先は、文房具を購入した店の名前などを記入します。摘要欄には、たとえば「文房具」や、さらに具体的に「ボールペン」など、出金した内容について後から見てもわかるように具体的に記入します。

▎振替伝票の仕訳

　入金伝票と出金伝票は、物やサービスの取引と同時にその代金である現金も取引されるというケースでした。しかし、物やサービスの取引と現金の取引との間に時間差がある場合や、現金が動かない取引の場合は、これらの動きを入金伝票や出金伝票で表現することができません。そこで活用されるのが振替伝票です。振替伝票は、現金取引以外の取引に関して記載する伝票です。勘定科目の項目が2つあるということ以外は、入金伝票や出金伝票と変わりありません。

　「振替伝票」の図（90ページ）を参考に、たとえば売掛金1万円が当座預金の口座に振り込まれた場合の設例で、記載方法を見ていきましょう。

　複式簿記の仕訳では以下のようになります。

（借方）当座預金　10,000円　／　（貸方）売掛金　10,000円

　振替伝票のフォームには、「借方科目」「貸方科目」両方の記入欄と金額欄があります。つまり複式簿記の仕訳をそのまま表示させたものだといえます。借方に「当座預金」1万円、貸方に「売掛金」1万円と記入し、摘要欄には入金先の得意先名や商品名などを記入します。

　後は入金伝票や出金伝票と同様、日付・No・合計などの必要事項を記入すると完成です。

■ 入金伝票・出金伝票・振替伝票 ……………………………………

入金伝票

入金伝票	承認		担当者	
令和○年○月○日
No.	入金先　X商店　　様

勘定科目	摘　要	金　額
売上	○○	10,000
合　　計		10,000

出金伝票

出金伝票	承認		担当者	
令和○年○月○日
No.	出金先　Y商店　　様

勘定科目	摘　要	金　額
事務用品費	文房具	1,500
合　　計		1,500

振替伝票

振替伝票	No.		承認		担当者	
令和○年○月○日

金額	借方科目	摘　要	貸方科目	金額
10,000	当座預金	○○○○	売掛金	10,000
10,000	合　　計			10,000

11 青色申告は単式簿記でもよい

簡易帳簿を備え付ける

簡易帳簿でも特別控除を受けられる場合がある

　「複式簿記」で記帳して、貸借対照表を作成すると65万円または55万円の青色申告特別控除が受けられます。一方、「簡易帳簿」で記帳した場合では青色申告特別控除を受けることができないのでしょうか。答えはノーです。簡易帳簿でも一定の要件を備えた帳簿を作成することで、10万円の特別控除を受けることができるのです。

簡易帳簿とは

　青色申告の65万円または55万円の特別控除を受けるには、69ページで説明したように「複式簿記」によって帳簿を記帳し、その記帳に基づいて作成した「貸借対照表」と「損益計算書」を添付した「（期限内提出の）確定申告書」を税務署に提出することが要件です。一方、「簡易帳簿」を備え付けている場合は、10万円の特別控除を受けることができます。「簡易帳簿」とは、原則として以下の帳簿をいいます。

① 現金出納帳

　事業用の現金の入出金と残高を取引順に記入した帳簿です。現金により売上や仕入を行った場合における、売上帳や仕入帳としての役割もあります。

② 売掛帳

　得意先ごとに口座を設定（帳簿に見出しをつけること）して、掛売りやその回収状況を記入した帳簿を売掛帳といいます。得意先ごとの口座には、得意先の名称や住所、電話番号などを記入します。

③ 買掛帳

仕入先ごとに口座を設定し、掛仕入やその支払状況を記入した帳簿です。仕入先ごとの口座には、売掛帳と同様、仕入先の名称、住所、電話番号などを記入します。

④　経費帳

仕入以外の事業上の経費を取引ごとに記入した帳簿です。あらかじめ仕入以外の費用の科目の分類を決めておき、その科目ごとに口座を設定して記帳します。

⑤　固定資産台帳

建物や機械、車輌などの事業上の固定資産の取得、処分、減価償却費の額などを記入した帳簿です。

65万円・55万円と10万円の特別控除

青色申告を選択した場合の記帳方法には３種類あります。複式簿記、簡易簿記、現金主義（41ページ）による記帳です。

複式簿記に基づいて作成した貸借対照表と損益計算書を添付した上で、確定申告書を期限内に提出し、また42ページで説明したような電子的な要件を満たせば65万円、電子的な要件を満たしていなければ55万円の特別控除を受けることができます。

また、簡易帳簿によって記帳し、損益計算書だけを添付した確定申告書を期限内に提出した場合は、10万円の特別控除が受けられます。

なお、前々年の所得が300万円以下である場合で、所定の届出をした事業者は、実際に現金の入出金があったときに収入金額や必要経費を計上することができる所得計算が認められています。この所得計算を現金主義といいます。現金主義の場合は「現金出納帳」のみを記帳すればよいことになっています。このように、青色申告を選択し、現金主義により記帳している場合も、10万円の特別控除を受けることができます。

取引記録の保存方法について知っておこう

ファイル化してしっかりと保存する

なぜ管理しておく必要があるのか

日常の取引の中で、相手方との間に領収書や納品書などの取引の証拠となる書類が発生します。それらは証憑書類といわれ、記録として経理上重要な書類となります。証憑書類には、注文書、領収書、請求書、商品受領書などがあります。

領収書などの書類には、経理事務や税金申告の書類としてのはたらきもあります。つまり、経費処理などの申告の正しさを税務署へ証明するための証拠書類になります。会社が作成したり受け取った証憑書類やそれらを整理した帳簿類については、税務調査を受けたり、後で調べるときなどのためにきちんと整理しておく必要があります。帳簿書類の備え付け、記録または保存が法令に従って行われていない時は、青色申告が取り消されてしまう場合もあります。そうなると、特別償却（税法で認められた通常の償却額に加えて、取得価額に一定割合を乗じて算出した金額を上乗せして償却ができること）など青色申告のさまざまな特典が適用されず、税務上不利な扱いになりますので注意が必要です。

保存期間は法定されている

青色申告者の場合、帳簿書類の保存期間は7年と定められています。ただし、現預金取引等以外の書類（注文書や見積書など）の保存期間は5年です。また、白色申告者についても、事業所得、不動産所得または山林所得に関しては帳簿の保存が義務付けられています。白色申告者の場合、収入や経費を記帳した法定帳簿であれば7年間、その他

の任意帳簿や書類であれば5年間保存する必要があります。帳簿書類の保存方法は、紙による保存が原則ですので、パソコンで作成した帳簿書類についても、原則としてパソコンからアウトプットした紙により保存する必要があります。

　ただし、一定の場合には電子データで保存することができます。

　伝票や証憑書類の整理は、月別、日付順に通し番号をつけ、ノートなどに貼り付け、ファイル形式にして保存するのが一般的です。これ以外にも科目別に整理する方法があり、それぞれ日付順、内容別、相手先別に整理します。証憑書類の種類によって使い分けます。

　その他、業務上保存する必要がある書類については、別途規定を作るとよいでしょう。このようにすることで、保管と廃棄の基準もでき、ムダに保管しておく必要もなくなります。ただし、これらの規程は、関係者の意見を集めた上で決めることが大切です。なお、文書は、保管年限ごとに色別にファイルに綴じておくことで、その後の処理も非常に効率がよくなります。

　このように伝票や証憑書類をきちんと整理することで、だれに対しても、お金の流れが不正なく行われていることを証明することができます。

■ 税務調査の対象になる書類 ………………………………………

帳簿関係	総勘定元帳や現金出納帳、売上帳、仕入帳、賃金台帳、出退勤記録簿など
証憑関係	請求書や領収書、注文書、納品書、預金通帳、小切手帳、手形帳、タイムカードなど
文書関係	議事録や契約書など
その他	決算書やパソコンなど

13 通帳の管理の仕方について知っておこう

仕事用とプライベート用の通帳は分ける

仕事用の通帳を作る

　開業したのであれば、ぜひ仕事用の通帳とプライベート用の通帳を分けましょう。仕事用の通帳を分けている場合は、プライベートの入出金が混ざっている場合と比べて記帳を大きく簡便化することができます。また、口座からの出金が仕事によるものなのか、プライベートによるものなのかわからなくなってしまうこともありません。事業に屋号を使用している場合は、個人の名前の前に屋号をつけて口座を開設することができます。こうして開設した口座から経費の支払いを行い、売上の振込みをしてもらうようにします。

　通帳からはさまざまな経費が引き落とされるので、時間が経つと何の費用であったかわからなくなってしまうことがあります。プライベート用と仕事用の通帳が分けられていなければなおさらです。そこで、通帳にはすぐに書き込むクセをつけておきましょう。何の費用であったか、プライベート用の支出であったかなど、何でも書き込んでおけば、記帳をする際に時間がかかってしまったり、勘定科目がわからずじまいになったりせずにすみます。

入金についての注意点

　売上の記帳をより簡潔に行うためには、現金で受け取った売上代金をすべて預金口座に振り込むとよいでしょう。そうすれば、通帳からの記帳だけで売上をすべて拾うことができます。つまり、売上を記帳する際は現金出納帳を使わなくても、預金出納帳のみの入力で済むようになるのです。この際に注意すべき点は、「預金口座に入金した

売上金額が何の商品か」「どこの取引先に対するものか」「いつの売上か」などがわかるように、領収証控えや請求書控えをきちんと保管しておくことです。領収証控えや請求書控えがあれば、いつのどんな内容の売上であったかをたどることができます。これらの領収証控えや請求書控えは、連番を振って管理するようにしましょう。もし請求書がデータで保管されているという場合は紙に打ち出し、同じく連番を振りましょう。

　売上代金として受け取った現金は、可能であればその日ごとに、難しければ2〜3日ごとにまとめて預金口座に入金しましょう。この際、小銭も含めてすべての売上代金を入金します。また、通帳には何月何日分の売上に該当するのかを書き込むようにしましょう。

▌出金についての注意点

　事業用の現金残高が足りず、プライベートのお金から経費を支払ってしまうことがあります。このような場合に記帳が煩雑にならないようにするためには、使ったプライベートの金額分だけ仕事用の預貯金口座から引き出すという方法があります。この際、仕事用の通帳には支払った内容もしくは領収証と紐づけられるように番号など（領収証にも同じ番号を記載）を書き込んでおけば、経費を記帳する際に該当する領収証を見ながら入力することができます。このように処理しておけば、記帳するときは預貯金口座から支払った経費として、預金出納帳のみに入力すればすみます。ここで注意すべきことは、プライベートのお金から支払った金額すべてを、口座から引き出すということです。

　一方で、仕事用の預貯金口座から引き出したお金をプライベートで使用してしまうというケースもあります。この場合はプライベートに使用したことが後からもわかるように、すぐに通帳にメモし、区別できるようにしておきましょう。

14 書類の作成と保管について知っておこう

書類は後から探しやすいように保管する

┃書類を整理する際の注意点

　書類には、見積書、契約書、発注書（注文書）、納品書、検収書、請求書、領収証など、取引の流れに沿って多くの種類があります。これらの書類は帳簿に入力する際に使用するのはもちろんのこと、参考情報として過去の取引条件や単価などを振り返って見るときにも使用します。そのため、書類は探しやすいように整理、保管しておく必要があるのです。

　また、帳簿と同じく書類も一定期間保存することが義務付けられています。青色申告者の場合、通帳や領収証といった現金および預金の取引に関係する書類は7年間、見積書や契約書などのその他の書類は5年間保存する義務があります。ある程度の期間保管しておくことを考えると、年度ごとに書類を取りまとめ、スッキリ整理しておきたいものです。

　書類を整理するために、まず書類の種類ごとに挟み込むファイルを分けます。ファイリングする際は日付順に新しいものを上に重ねる方法が一般的です。取引先数が多い場合は、同じ種類の書類でも取引先ごとにファイルを分ける方法もあります。また、必要な書類を後からも探しやすいように、売上、仕入、経費、給与といった分類ごとにファイルを分けるとよいでしょう。

┃売上に関する書類のまとめ方

　取引先に商品などを販売した際は、販売代金を回収するために請求書を発行します。請求書を発行する際は、忘れずに控えを取るように

しましょう。請求書の控えがないと、いつ、どの取引先に、どのような内容の売上が上がったかがわからなくなってしまうからです。そして、請求書と同じように、請求書の控えにも連番を振って管理しておきましょう。請求書の控えをファイリングする際は、新しい請求書が上になるように下から日付順に重ねていきます。取引先が多い場合は、ファイルを取引先別に分けるとよいでしょう。頻繁な取引のない取引先については、その他の取引先としてまとめてファイリングします。

　なお、発行する請求書は市販のものでも、パソコンなどで作成したものでもどちらでもかまいません。

　請求を行った後、実際に取引先から販売代金を回収した際は、領収証を発行します。領収証は、代金を受け取ったことを証明するために発行するものです。領収証についても、控えを残しておくことを忘れないようにしましょう。領収証の控えがないと、どの取引についてどのような内容の領収証を発行したかがわからなくなってしまいます。複写式の領収証を利用することで、領収証の作成と同時に領収証の控えも残せるようになります。もちろんパソコンなどで作成した領収証の控えをとっておくという方法でもかまいません。パソコンで作成した場合は、領収証と控えを同時に紙に打ち出し、原本と控えに割印を押しておくようにしましょう。

　ただし、銀行へ代金が振り込まれている場合は、領収証の発行が省略されることが多いようです。この場合は、通帳で振込みを確認することができます。

　なお、5万円以上の代金について領収証を発行する際は、収入印紙を貼ることを忘れないようにしましょう。5万円以上の代金を受領する際の領収証は、印紙税の課税対象となるためです。印紙税額は受領する金額によって定められています。領収証に収入印紙を貼り、その上から消印を押すことで印紙税を納税したことになります。

仕入・経費に関する書類のまとめ方

　物を購入したときやサービスの提供を受けたときに代金を支払った際は、領収証を受け取ります。領収証は、特に現金払いによる購入取引を帳簿に記帳する際に必要になってきます。領収証はサイズも小さい上に量も多くなりがちなため、放っておくと紛失してしまうリスクがあります。また、仕事用とプライベート用のどちらの用途に使ったものか、わからなくなってしまうことがあります。そのため、領収証は年末にまとめて整理するのではなく、毎週末ごとなど、こまめに整理していく必要があるのです。なお、電車の交通費など領収証を受け取らない経費もありますが、この場合は出金伝票を作成することで領収証の代わりとすることができます。

　領収証を整理する方法として、ノートなどの紙に日付順に貼り付けるというものがあります。この方法によると、領収証を見やすく整理でき、また紛失も避けられます。もし、紙に貼るのは手間がかかりすぎてしまうという場合は、月別に封筒などにまとめて保管しておくとよいでしょう。

　仕入・経費に関する書類としては、領収証の他に、請求書や納品書があります。これらの書類は記帳の根拠資料となると同時に、過去の仕入条件や単価などの情報の参考資料として役立ちます。そのため、これらの資料もなくさないように、そして後から見つけやすいように整理しておく必要があります。

　請求書と納品書は別のファイルに分けて保管しますが、その整理方法は基本的には同じです。

　取引を頻繁に行う取引先については、その取引先ごとに1冊のファイルを作るとよいでしょう。そして、後から調べやすいように、日付順に、また新しいものが上に来るように請求書や納品書をファイリングします。一方、取引量が少ない取引先や単発の取引を行った取引先の場合は、その取引先ごとに1冊のファイルを作ってしまうとスペー

スのムダ使いになってしまうことがあります。そのため、このような取引先からの請求書や納品書については、「その他の取引先」として1冊のファイルにまとめます。こちらのファイルについても、書類をファイリングする際は日付順に、そして月別に分けるとスッキリ見やすくなります。

▌契約書について

　契約書は取引を行う際の重要な書類です。口頭のみで取引を始めてしまうと、取引条件や支払条件などについて後々両者の言い分に齟齬が生じ、トラブルに発展しかねません。そのため、納品物、納品時期、検収方法、支払時期などの取引条件を明記した契約書を作成し、当事者同士で交わす必要があるのです。また、契約書はそもそもの契約の存在自体を証明する書類にもなります。このように取引条件を明文化した書類が当事者同士の手元にあれば、適時その書類で条件を確認することができ、スムーズな取引にもつながります。

　なお、契約書が課税文書に該当する場合は、印紙税がかかります。課税文書に該当するかどうかは、契約書の内容によって判断することになります。もし判断に迷う場合は、管轄の税務署に契約書を持っていき、課税文書に該当するかどうかを確認するのがよいでしょう。課税文書に該当する契約書を交わす場合は、収入印紙を貼り、消印をすることで印紙税を納税します。

　契約書はそれなりに厚みもあるため、クリアブックに入れるなどして保管するとよいでしょう。このように保管しておけば、契約書を見やすく、またスッキリと整理することができます。また、契約が継続しているものと契約がすでに終了しているものとでファイルを分けることで、後から検索しやすくなります。

帳簿作成のルールを覚えておこう

現金の管理方法を身につける

前提条件を整える

帳簿の記帳に際しては次のような点に注意します。

① **個人用の現金預金と事業用の現金預金を区別すること**

帳簿を記帳する場合、個人用と事業用の現金預金を明確に区分することからスタートします。青色申告の記帳の対象は事業用の取引であり、個人用の取引は記帳する必要がないからです。個人の取引の記帳と内容把握は家計簿にまかせればよいのです。ところが、「帳簿が面倒」「なかなかつけられない」などという人に限って、個人用と事業用の現金預金を区別していません。このため、たとえば個人の住宅ローンを支払った場合も、事業主貸で処理しなければならなくなるのです。つまり、個人用と事業用の現金預金を区分できていないために、預金の動きを忠実に記帳しようとすると個人の取引まで記帳せざるを得なくなってしまうのです。このような個人用の部分を除外するだけでも記帳しなくてよい部分が広がります。

では、どのようにして個人用と事業用の現金預金を明確に区別すればよいのかを確認します。

・**事業用の現金の金庫を設けること**

事業用の現金保管用の金庫を用意し、その中に現金（たとえば10万円）を入れます。現金出納帳の残高も10万円からスタートします。

・**事業用の預金口座を開設すること**

個人の通帳とは別に事業用の預金口座を開設します。なお、電気料・電話料などで家計と事業双方に共通して支出される経費は、なるべく事業用の口座から引き落とすようにします。電気料などの家事関

連費を個人通帳から引き落とす場合は、年末に個人の通帳から拾い出して記帳しなければなりませんが、うっかり忘れやすいものです。そこで、事業用の通帳から引き落とすようにすれば、帳簿に記帳することになり、記録が残ります。年末には、個人負担分を按分して事業用経費から除外すればよいのです。

　なお、個人・事業間の現金預金の移動は事業主貸や事業主借といった勘定科目で処理します。

② 　なるべく預金を通すこと

　現金の入出金は記録が残りづらいので記帳もれが生じやすくなります。そこで、できるだけ通帳を通して取引をするようにします。たとえば、売上代金を現金で受け取らず預貯金の口座に振り込んでもらうようにします。また、仕入代金や経費の支払も同じように振込みによって処理するようにします。

　この結果、預金通帳に入出金の記録が残るので後になっても取引状況がわかります。これに対して、現金による取引の場合は記録が残りづらいので、後日取引状況を思い出すのが困難です。

■ 個人用現金預金と事業用現金預金の区別 …………………………

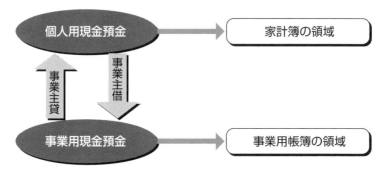

③ 現金は小口現金制度を採用すること

小口現金制度とは、定額（たとえば10万円）を残高として手元（金庫などに保管する）に置いておき、その中から日常的な経費の支払を行い、小口現金の残高が少なくなると、定額部分と残高の差額を補充する制度です。たとえば、経費などの支払の結果、小口現金の残高が1,500円になった場合に、10万円との差額である98,500円を預金通帳から引き出して小口現金に補充します。

現金を支払ったときは必ず領収書などの証憑書類を受け取りますが、金庫内の現金残高と領収書などの金額を合計すると常に定額（10万円）になりますから、現金の管理が容易になります。

なお、売上代金を現金で受け取った場合、小口現金とは別に管理し、すぐに預金口座に入金するようにしましょう。

④ 領収書の日付が会計処理の出金日ではない

必ずしも領収書の日付で現金出納帳を記帳するわけではありません。たとえば、1週間の出張をし、帰ってから旅費を精算する場合、1週間分のさまざまな日付の領収書が混じっています。これを記帳する場合、領収書の日付を現金出納帳の出金日付にしてしまうと一時的にせよ現金がマイナスになってしまう日が出る可能性があります。たとえば次の例で確認してみましょう。

■ 小口現金制度 ･･

領収書等　　金庫内の現金残高

補充　←･･･ 預金

この合計が定額となる

・11月20日の現金出納帳残高　10,000円
・11月21日から11月26日まで出張し、合計で30,000円の経費を支出したが、全額個人で立て替えた。内訳は次の通りである。
　　11月21日　交通費12,000円
　　11月26日　宿泊代と交通費18,000円
・11月27日に上記経費を事業用金庫から精算した。ただし、現金残高がないので50,000円を通帳から引き出した。

　この例で、現金出納帳に領収書の日付順で記帳すると11月21日現在で、△2,000円（10,000円－12,000円）になります（△はマイナスのこと）。しかし、よくよく考えると事業用金庫から現金が出たのは11月27日であり、現金出納帳上の現金出金はこの日で行うべきなのです。そのため、現金出納帳には金庫内の現金が動いた時点で記帳するようにします。そして、そのつど残高を算出し、金庫内の実際の残高を数えて、帳簿上の残高と照合するのです。現金管理は会計管理の基本中の基本です。事業規模の小さいうちからしっかりとした現金管理の習慣を身につけましょう。

■ 現金管理の基本原則 ･････････････････････････････････････

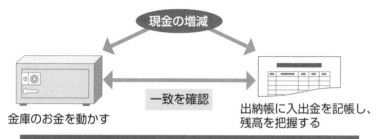

現金の増減

金庫のお金を動かす　　一致を確認　　出納帳に入出金を記帳し、残高を把握する

現金の増減について「金庫のお金の動き」と同じことを
「帳簿に正確に記帳」すれば実際残高と帳簿残高は一致する

16 簡易帳簿における現金出納帳の作成ポイント

現金の入出金、残高をもれなく記載することがポイント

現金出納帳の記帳の仕方

　本項からは、各簡易帳簿の記帳上のポイントを見ていきましょう。

　まず、現金出納帳は、現金の入出金、残高を記録する帳簿です。帳簿の記帳のポイントは以下の通りです。

① **事業用金庫内の現金の入出金にあわせて記録する**

　現金出納帳は「現金」の入出金と残高を記録するものですので、金庫内にある現金の増減と残高をそのまま記帳しなければなりません。そのため、金庫内にある現金の日々の入金、出金金額と残高が、帳簿上に記載のある入金、出金、残高の金額と取引ごとに一致している必要があります。

② **その日の実際残高と帳簿を照合する**

　１日の営業が終わったら、その日のうちに現金出納帳に領収書などの証憑書類をもとに記帳し、以下のように本日帳簿現金残高を計算します。

前日帳簿現金残高＋本日入金－本日出金＝本日帳簿現金残高

　次に、金庫内の実際の現金残高を数えて金種表に記入します。

　金種表は、金種別に枚数を数えて、金種に枚数を掛けた金額を計算します。そして、それらの金額の合計と帳簿残高を照合し、一致していれば金額を記入して終了です。

　金額が不一致であれば、現金の数え間違いや帳簿の記載の誤りがありますので、再確認して、訂正すべきものがあれば訂正します。

　もし、どうしても金額が一致しない場合は、「現金過不足」や「仮

払金」「仮受金」などの勘定科目で処理をし、実際の現金残高に帳簿残高を合わせるようにします。後日不一致の原因が判明した場合は、判明した日付で振替伝票により正しい科目に振り替える処理をします。

　このように現金出納帳の残高と実際残高を合わせることによって、記帳もれを防止し、事業用の経費と生活費が混ざらないようにすることができます。さらに日常的な現金の扱いを従業員にまかせていた場合、その者の不正を防止できるなどのメリットがあります。

　現金商売の小売業や飲食業の場合の現金管理はどうすればよいでしょうか。まず、売上金からは経費の支出を行わず、受け取った売上金はすべて預金口座に入れるようにします。また、夜間金庫を活用するとか、金額が多い場合は翌日に預金口座に入金するようにします。

　このようにすることによって、基本的に売上代金は預金口座に振り込まれたものと同じ扱いになり、売上代金から経費の支出が行われ

■ 金種表サンプル ……………………………………………………

金種	枚数	金額
10,000円札		
5,000円札		
2,000円札		
1,000円札		
500円貨		
100円貨		
50円貨		
10円貨		
5円貨		
1円貨		
合計		

記入

現金を数える

ることもありません。現金の取扱いは小口現金からの支出に限定され、記帳も簡単になります。仮に不正が起こっても小口現金残高の範囲内での被害となり、少額であるため損害を最小限に抑えることができます。

【現金に関する取引例（現金出納帳の記載例）】

① ５月２日 ㈱××に対し、事務用品費7,000円を現金で支払った。

② ５月９日 ○○水道局に対し、○月分の水道料金２万円を現金で支払った。

③ ５月10日 自動車税５万1000円を現金により納付した。

④ ５月11日 ○○銀行の普通預金口座から８万円を引き出し、小口現金とした。

⑤ ５月15日 ㈱○○より、３月分の売掛金12万円を現金で受け取った。

■ 現金出納帳の記載例 ……………………………………………

現 金 出 納 帳

月	年 日	科　目	摘　　要	入　金	出　金	残　高
5	1		前月より繰越			1 0 0 0 0
	2	消耗品費	㈱○○より事務用品購入		7 0 0 0	9 3 0 0 0
	9	水道光熱費	○月分の水道代支払い		2 0 0 0 0	7 3 0 0 0
	10	租税公課	自動車税納付		5 1 0 0 0	2 2 0 0 0
	11	普通預金	○○銀行より引出し	8 0 0 0 0		1 0 2 0 0 0
	15	売掛金	３月分の売掛金の入金	1 2 0 0 0 0		2 2 2 0 0 0

17 簡易帳簿における売掛帳の作成ポイント

「掛売上」と「入金状況」を取引日順ごとに記帳する

売掛帳の記帳の仕方

　売掛帳は口座別（得意先別のこと）の売上金額、受入金額（入金額）、残高を記録する帳簿です。売掛帳の記帳のポイントを確認しておきましょう。

　売掛帳は、口座別（取引先ごと）に記帳し、その「掛売上」と「入金状況」を取引日順ごとに記帳します。なお、品名欄には、掛売上の場合は「商品名」、入金の場合は入金の態様（現金、預金、手形など）を記帳します。

　売掛帳を見れば、入金もれや売上計上もれを発見することができます。たとえば、取引先の入金条件が当月末締め翌月末入金であれば、当月末の残高は、当月掛売上高分だけのはずです。

　ところが、当月末残高が当月掛売上高より多い場合は、前月以前に掛売りした分のうち、入金がもれている部分があるか、または前月以前に計上した掛売上高の中に過大計上がある可能性があります。また、逆に当月末残高が当月掛売上高より少ない場合は、前月以前の掛売上高の計上がもれているか、または入金そのものが過大になっている可能性があります。

掛売りの場合

　掛売りの場合、注文を受け、在庫があれば、納品書を起票し、これを添えて商品を出荷します。売掛帳はこの納品書に基づき記入します。締日ごとに、売掛帳をもとに請求書を作成し、売上先に請求します。その後入金が確認できれば、売掛帳の入金欄に記入します。

なお、実務上は、納品書と請求書を複写式のもので同時に作成し、事務手続きを省力化していることが多いようです。

【売上に関する取引例（売掛帳の記載例）】
① 11月10日　㈱××商会に甲商品を単価2,000円で、数量300個掛けで売り上げた。
② 11月15日　㈱××商会から、売掛金のうち、100,000円を現金で回収し、500,000円は約束手形で回収した。
③ 11月18日　㈱××商会へ11月10日に掛売りした甲商品100個（単価2,000円）が返品された。
④ 11月22日　㈱××商会に乙商品10個（単価30,000円）を掛けにより売り上げた。
⑤ 11月30日　㈱××商会から、売掛金150,000円が普通預金口座に振り込まれた。

■ 売掛帳の記載例 ……………………………………………………

売 掛 帳

㈱××商会　殿

住所　東京都○○区○○町○丁目○番○号

電話　03-0000-0000
FAX　03-0000-0000

月	年日	品　名	数量	単価	売上金額	売入金額	残　高
11	1	前月より繰越					500000
	10	甲商品	300	2,000	600000		1100000
	15	現金入金				100000	
	15	約束手形				500000	500000
	18	△返品　甲商品	△100	△2000	△200000		300000
	22	乙商品	10	30,000	300000		600000
	30	普通預金入金				150000	450000

簡易帳簿における買掛帳の作成ポイント

「掛仕入」と「支払状況」を取引日順に記帳

買掛帳の記帳の仕方

　買掛帳は口座別（仕入先別）の仕入金額、支払金額、残高を記録する帳簿です。買掛帳の記帳のポイントについて見ていきましょう。

　買掛帳は口座別（仕入先ごと）に記帳し、「掛仕入」と「支払状況」を取引日順に記帳します。品名欄には、掛仕入の場合は「商品名」を記載し、支払の場合は出金の態様（現預金、手形など）を記帳します。買掛帳をみれば、支払もれや仕入もれを発見することができます。

　たとえば、その仕入先の支払条件が当月末締め翌月末支払であれば、当月末の残高は、当月掛仕入高分だけ残っているはずです。

　ところが、当月掛仕入高よりも当月末残高が多い場合は、前月以前に掛仕入した分のうち、支払がもれている部分があるか、または前月以前に計上した掛仕入高の中で過大計上がある可能性があります。

　また、逆に当月末残高が少ない場合は、前月以前の掛仕入高に記帳がもれているものがあるか、または支払そのものが過大になっている可能性があります。掛仕入れの場合、注文したものが納品されれば、検収（納品された品物を検査して受け取ること）をし、検収書を作成します。

　実務上は、送られてきた納品書にチェックをして検収書に代えることもできます。検収書をもとに買掛帳に記入します。締日後に請求書が届いたら、買掛帳と請求書を照合し、金額が合致するか確認した上で支払いをし、領収書を受領します。支払いをしたことを買掛帳の支払欄に記入します。実務上、請求書をもとに仕入を計上することが多いようですが、これでは請求ミスを発見することは困難です。

【仕入に関する取引例（買掛帳の記載例）】

① 11月10日　△△商事㈱から甲商品を単価1,500円で、数量500個掛けで仕入れた。

② 11月15日　△△商事㈱から請求書が届いた。買掛帳と照合の結果、買掛金のうち100,000円を現金で支払い、500,000円は約束手形を振り出して支払った。

③ 11月18日　△△商会㈱から10月に掛けで仕入れた乙商品50個について、50,000円の値引を受けた。

④ 11月22日　△△商事㈱から丙商品20個（単価15,000円）を掛けにより仕入れた。

⑤ 11月30日　△△商事㈱への買掛金200,000円を普通預金から振り込んだ。

■ 買掛帳の記載例 ···

買 掛 帳

△△商事（株）　殿

住所　東京都○○区○○町○丁目○番○号　　　　電話　03-0000-0000
　　　　　　　　　　　　　　　　　　　　　　　FAX　03-0000-0000

月	年日	品　名	数量	単価	仕入金額	支払金額	残　高
11	1	前月より繰越					300000
	10	甲商品	500	1,500	750000		1050000
	15	現金入金				100000	
	15	約束手形振出				500000	450000
	18	△値引　乙商品	△50	△1000	△50000		400000
	22	丙商品	20	15,000	300000		700000
	30	普通預金支払				200000	500000

19 簡易帳簿における経費帳の作成ポイント

日々の経費の記録を勘定科目ごとに取引順に記帳する

経費帳の記帳の仕方

　経費帳は、経費科目別に日々の経費の支払・発生を記録する帳簿です。経費帳によって経費の科目別年間合計を把握します。科目別年間合計は青色申告決算書の「損益計算書」の経費欄に転記することになります。また、青色申告決算書の重要科目の内訳書の金額も、経費帳から合計額を転記することになります。次に、経費帳の記帳のポイントを見てみましょう。

① 経費の発生・支払状況を取引順に記帳する

　経費帳は日々の経費の記録を勘定科目ごとに、取引順に記帳します。摘要欄には、「相手先」「取引の内容」などを明記します。

② 関連帳簿にも記帳されているか確認する

　経費帳は、経費の支払を記録しますので、現金の支払や預金の支払、手形の振出しがそのつど発生します。

　このため、その他の関係帳簿とも照合して、以下のようなことがもれなく記帳されていることを確認します。

・現金で支払った場合は「現金出納帳」の出金欄に記帳されているか
・預金で支払った場合は「預金出納帳」の出金欄に記帳されているか
・手形を振り出した場合は「支払手形記入帳」に記帳されているか

③ 振替取引に注意する

　現金の出金が伴っている場合の経費帳の記帳方法はわりと簡単ですが、振替取引は少し複雑になります。振替取引とは、現金預金の入出金がからまない取引です。たとえば、振込手数料を差し引いて売掛金が入金される場合や、売掛金が貸倒れになる場合などです。

【売掛金の振込手数料差引入金のケース】

　売掛金100,000円のうち、振込手数料800円を差し引かれ、99,200円が普通預金に振り込まれた。仕訳は以下のようになる。

（借方）普通預金　99,200　　／　（貸方）売掛金　100,000

（借方）支払手数料　800

　この仕訳の場合、振込手数料（支払手数料）が経費に該当しますが、現金預金の支払いは直接的には生じていません。代わりに売掛金が振り替えられることで振込手数料が発生しているため、この取引は振替取引となります。

　簡易帳簿では、まず、売掛帳の受入金額欄に99,200円と記帳します。しかし、これだけでは振込手数料分だけ売掛金残高が過大となりますので、800円を同様に受入金額欄に記載します。このような振込手数料部分は出金していないので忘れがちですが、経費として発生したことには間違いありませんので、経費帳にも記載します。

【経費に関する取引例（経費帳の記載例）】

① 11月10日　○○建設に外壁修理代50,000円を現金で支払った。

② 11月15日　□□電力の10月分電気代25,000円が普通預金口座から自動引き落とされた。

③ 11月20日　○○商会から売掛金が振込手数料800円を差引かれ普通預金に振り込まれた。

④ 11月25日　□□百貨店から歳暮用品50,000円を現金で購入した。

⑤ 11月28日　▼▼商店から事務用品5,000円を現金で購入した。

⑥ 11月30日　専従者給与を現金で支払った。支給額は20万円、源泉所得税として徴収した額は1万円である。

■ 経費帳の記載例 ···

修　繕　費

月	年日	摘　　要	金　　額
11	10	○○建設　外壁修理代	5 0 0 0 0

水道光熱費

月	年日	摘　　要	金　　額
11	15	□□電力　10月分　××銀行普通預金口座より自動引落	2 5 0 0 0

支払手数料

月	年日	摘　　要	金　　額
11	20	○○商会　振込手数料	8 0 0

接待交際費

月	年日	摘　　要	金　　額
11	25	□□百貨店　歳暮贈答品代（贈答先は別紙明細参照）	5 0 0 0 0

消耗品費

月	年日	摘　　要	金　　額
11	28	▼▼商店　事務用品代	5 0 0 0

専従者給与

月	年日	摘　　要	金　　額
11	30	妻へ　11月分専従者給与支払（源泉所得税10,000）	2 0 0 0 0 0

20 簡易帳簿における固定資産 台帳の作成ポイント

個々の固定資産ごとに記帳し、減価償却費を計上する

固定資産台帳の記帳の仕方

固定資産台帳は、個々の固定資産の取得、減価償却、除却・売却、未償却残高を記録する帳簿です。固定資産台帳によって、減価償却費の年間合計を把握します。年間合計金額は青色申告決算書の「減価償却費の計算」の欄に内容を記載することになります。

① 固定資産の取得のつど個別に記帳する

固定資産台帳は個々の固定資産の減価償却などの状況を把握するための帳簿で、個々の固定資産ごとに記帳します。耐用年数や償却率については、固定資産の種類などによって定められているため、耐用年数表から該当するものを選択して記入します。

また、中古資産の取得であれば「中古資産」と明記します。ⓐ特別償却を適用するのであれば、「その旨」と「該当条文」、ⓑ除却、売却をした場合は、「その旨」を記載します。

② 減価償却を行う

固定資産は、取得価額を耐用年数によって配分して経費化していきます。この手続きを「減価償却」といいます。減価償却費は、年間の予定額（概算の額でよい）を月次分割計上しておくことが望ましいのですが、小規模事業者であれば年1回の計上でも十分です。

定額法であれば、取得価額に定額法の償却率を乗じて計算します。また、定率法を採用するのであれば、固定資産の未償却残高に定率法の償却率を乗ずることで算出します。同じ耐用年数であっても、定額法と定率法では償却率が異なることに注意が必要です。さらに、年度の途中に固定資産を取得した場合は、1年間のうち所有している期間

に対応した減価償却費を算定します。たとえば、7月1日に取得し、使用開始した固定資産であれば、その年1年間の減価償却費に6か月/12か月を乗ずることでその年の減価償却費を計算します。個人事業者の場合、家事と事業に共通して使用している固定資産（店舗併用住宅や車輌など）の減価償却費は、事業使用割合分だけが必要経費として認められますので調整が必要です。

③ 年に1度は現物確認をする

　固定資産は少なくとも年1回は現物を確認し、その状況を調査の上、現況にあわせて除却するなどの適切な処理を行うようにします。

【固定資産台帳の記載例】

① 11月10日　○○自動車販売から乗用車（新車）2,000,000円を現金で購入した（設例簡便化のため付随費用は省略）。

② 12月31日　決算にあたり、固定資産（乗用車）の減価償却を実施した。なお、家庭でも一部使用するため、事業専用割合は80％と見積もった。

■ 固定資産台帳 ·······························

固定資産台帳

種　類	車輌運搬具
構　造	乗用車

取得年月日	令和2年11月10日	償却方式	定額
所在		償却率	0.167
耐用年数	6		

減価償却 年分	数量又は面積	イ 取得価額	ロ 償却費 (イ×償却率)	ハ 本年中の償却期間	二 本年分の普通償却費 (ロ×ハ)	ホ 割増(特別)償却費	ヘ 本年分の償却費 (二×ホ)	ト 事業専用割合	チ 本年分の必要経費算入額 (ヘ×ト)	リ 未償却残高 (期末残高)	備考
2 年	1	2000000	334000	2/12 月	55666	0	55666	80%	44532	1944334	
年				—月							
年				—月							
年				—月							
年				—月							

21

簡易帳簿における債権債務等記入帳の作成ポイント

簡易帳簿を補足するために必要とされる債権債務を記録する

債権債務等記入帳の記帳の仕方

　簡易帳簿によって記帳をしている事業者が65万円または55万円の青色申告特別控除の適用を受ける場合には、債権債務等記入帳が必要になります。債権債務等記入帳は、簡易帳簿を補足するために必要とされる債権債務などを記録する帳簿です。債権債務等記入帳の残高は青色申告決算書の貸借対照表の該当勘定科目欄に転記します。債権債務等記入帳には、預金出納帳、受取手形記入帳、支払手形記入帳、特定取引仕訳帳、特定勘定元帳がありますが、ここでは預金出納帳と手形記入帳の解説にとどめて、他は記載例を例示することにします。

①　預金出納帳は預金通帳から記入する

　預金出納帳は、預金の口座別に記帳し、各預金の入出金と残高を把握する帳簿です。普通預金は原則として通帳を見て作成しますので簡単なようですが、多少注意が必要です。たとえば、通帳の表示では、借入金の返済が元利合計で表示されることが多いようですが、元金と利子（支払利息）は別々にして考える必要があります。借入金の元金返済額は経費になりませんが、支払利息は経費になります。このため、通帳上は一括表示であっても、預金出納帳の記帳は借入金の元金返済額と利子の支払を分けて記帳するようにします。

　また、同様に、給与を振込みで支給している場合は、源泉所得税や社会保険料の徴収額を差し引いた後の実際の支払金額が通帳に表示されます。この場合、預金出納帳上は、いったん給料を全額支給し、同時に源泉所得税などを預かったというように記帳します。

　なお、小切手を振り出したことによる当座預金の減少は小切手を振

り出した日に記帳しなければなりません。このため、銀行口座から実際に引き落とされた日とのタイムラグが生じますが、それは、銀行勘定調整表を作成して把握することになります。

② 受取手形記入帳は受け取った手形を見て記帳する

受取手形記入帳は、受け取った手形を見て記入します。手形が決済されて預金口座に入金された場合、「手形決済金額」欄に記入し、「受手残高」を計算し、記入します。年末の受手残高を青色申告決算書の貸借対照表の「受取手形」欄に転記します。なお、手形の場合、定期的に現物と帳簿残高を照合し一致していることを確認しなければなりません。銀行に取立依頼している場合もありますので、厳密な手形残高は、「手持ちの手形＋取立依頼高」と合致することになります。

支払手形記入帳は、手形を振り出したら手形控えをもとに記入します。また、決済のため出金された場合、「手形決済金額」に記入し、「支手残高」を計算し記入します。年末の支手残高を青色申告決算書の貸借対照表の「支払手形」欄に転記します。手形控えは定期的にこの帳簿残高と照合し、一致していることを確認しなければなりません。

【帳簿の記載例】
① 1月20日 ○○電気よりローン（○回払）で250,000円のパソコンを購入した。
② 11月18日 借入金の当月返済分が普通預金より引き落とされた。引落額は105,000円であるが、このうち5,000円は借入利子（支払利息）である。
③ 11月30日 ○○商会から、売掛金のうち、500,000円を約束手形で回収した。手形の満期は1月31日である。
④ 11月30日 △△商事に仕入代金500,000円を、約束手形を振り出して支払った。手形の満期は2月28日である。

■ 記載例

特定取引仕訳帳

年 月	日	摘要	借方 勘定科目	金額	貸方 勘定科目	金額	備考
1	1	期首商品棚卸高	仕入	300000	繰越商品	300000	
	20	パソコン購入	器具及び備品	250000	未払金	250000	

預金出納帳

○○銀行□□支店　△△預金

口座番号 ○○○○○○○

年 月	日	摘要 相手勘定	内容	入金 売上	その他	出金 仕入	その他	預金残高
11	1		前月より繰越					300000
	18	借入金	借入金返済				100000	
	〃	支払利息	同利息				5000	195000

受取手形記入帳

年 月	日	摘要 相手勘定	内容 (取引内容、手形種類・番号、支払人、支払場所など)	手形受入金額 売上	その他	満期日	手形決済金額	受手残高
11	1		前月より繰越					600000
	30	売掛金	○○商会　売掛金決済		500000	1 31		1100000

支払手形記入帳

年 月	日	摘要 相手勘定	内容 (取引内容、手形種類・番号、受取人、支払場所など)	手形振出金額 仕入	その他	満期日	手形決済金額	支手残高
11	1		前月より繰越					1000000
	30	買掛金	△△商事　買掛金決済		500000	2 28		1500000

22

既存事業者の記帳開始時期を知っておこう

1月1日〜12月31日の帳簿を記帳し、書類を保存する

3月15日までに届け出れば、その年分から青色申告が適用される

　既存の白色事業者が青色申告を適用したい場合には、3月15日までに「所得税の青色申告承認申請書」を提出すれば、その年分から青色申告を適用することができます。

記帳開始時期はどうするか

　白色事業者が青色事業者になった場合の問題は、1月1日から承認申請書の提出日までの帳簿をどうするかです。提出日までの帳簿はいらないのではないかという疑問もあると思いますが、所得税法上、青色申告を適用するためには、その年分（1月1日〜12月31日）の帳簿を記帳し、書類を保存していなければなりません。

　このため実務上は、承認申請書の提出日までの帳簿は、後から作成することになります。帳簿を作成する前提として、前年末の棚卸資産や諸勘定科目の残高と内容を整理し、それを記録しなければならないことになっています。

　そこで、青色申告の承認申請は3月15日までとはいっても、青色申告を適用するかどうかは早めに意思決定（前年末までがよい）し、必要な記録を保存しておくようにしましょう。

前年末の貸借対照表がスタートとなる

　棚卸資産その他の諸勘定科目の残高の整理とは前年末の貸借対照表の金額を明らかにすることです。具体的には、次のような帳簿や書類をもとに明らかにしていきます。

・現金 … 前年末の現金出納帳の残高（実際残高と照合する）

・預金 … 前年末の普通預金通帳、証書の残高

・受取手形 … 受取手形記入帳、手形（現物）、手形割引依頼書など

・売掛金 … 売掛帳、請求書控え

・棚卸資産 … 実地棚卸（160ページ）を行って、在庫金額を確定する

・固定資産 …「減価償却費の計算」と「固定資産台帳」（132、183
ページ参照）

・支払手形 … 支払手形記入帳、手形控え

・買掛金 … 買掛帳、請求書など

・借入金 … 借入金返済予定表

・元入金 …「資産の部合計－負債の部合計」で計算する以上の結果、
「科目内訳書」を作成して保存しておきます。また、この金額が帳
簿上のスタートの金額（前期繰越）になります。

■ 科目内訳書から各帳簿への転記 …………………………………

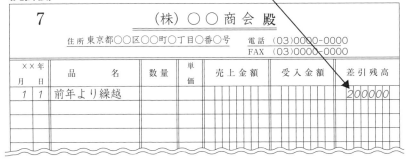

青色申告会の活用メリットとデメリット

　青色申告会とは、記帳や税務申告の指導を受けられる他、研修会が開催されるなど、税務や経営の支援を受けられる会員制の団体です。地域ごとに青色申告会は設けられており、東京では48の税務署担当地域ごとに青色申告会が組織されています。青色申告会は青色申告者になると自動的に入会するものではなく、所定の入会手続が必要です。

　青色申告会のメリットは、何といっても記帳や確定申告書作成のサポートをしてもらえることです。個人開業をしている人の中には、簿記や税務に関しては未経験という人も多いと思います。本業に集中したいと思うところ、記帳や税務申告に多くの時間を費やしたくないと思われるかもしれません。そんなときの強い味方となってくれるのが青色申告会です。簿記や税務の知識を持ったスタッフが一対一でサポートしてくれます。また、指導だけではなく、記帳を代行したり、確定申告書を代書するサービスを設けているところもあります。

　また、青色申告会のメリットは、記帳や税務申告の支援だけではありません。青色申告会が提携している弁護士に無料で法律相談ができたり、傷害保険や労働保険などの各種保険サービスを受けることもできます。その他、指定の旅行会社の商品の割引を受けられたり、会員旅行があるところもあります。

　青色申告会のデメリットといえば、会費を支払う必要があることです。会費は青色申告会によって異なりますが、入会金の他、月1,000～2,000円程度の会費が必要です。年間にすると１万円～２万円程度ですが、これを安いと見るか高いと見るかは人それぞれでしょう。記帳に関する相談だけでしたら、税務署の無料相談会だけでも事足りる場合もあるかもしれません。

　必要としているサービスをよく見極めた上で、青色申告会を活用してみるとよいでしょう。

第 3 章

青色申告制度を
どう活用するか

専従者給与を活用する

家族に支払った給与を経費にすることができる

青色事業専従者給与を必要経費にするための要件

独立して個人事業を行う場合、家族の物心両面にわたる協力がなければ、なかなかうまくいかないものです。しかし、所得税法という法律では、家族の協力についてあまり考慮していません。

日本の所得税法は、所得が増えれば増えるほど高い税率を適用するという方式をとっています。そのため、所得を何人かの家族に分散させた場合、一人ひとりの所得が低くなった結果、低い税率が適用されることになり、家族全体の所得税が減少してしまいます。そこで、所得税法では意図的な所得分散を防止するために家族の働きは考慮しないという考え方をとっているのです。

ただ、他の従業員と同じように事業に協力している家族については、その家族の適正な給与まで経費として認めないのは酷です。そのため、青色申告に限って例外を認めるとしています。これが「専従者給与」の制度です。青色申告で最も大きなメリットは、この「専従者給与」を経費に計上できることです。

専従者給与を必要経費に算入するためには、次の要件が必要です。

① あらかじめ税務署に「青色事業専従者給与に関する届出書」を提出し、その範囲内で支給した給与であること

専従者給与を必要経費に算入するためには、まず、所轄税務署に必要事項を記入した「青色事業専従者給与に関する届出書」を届け出ることが必要です。届け出た範囲内の支給額が必要経費として認められます。また、専従者給与を変更する場合（支給額を増額したいとき）には、「青色事業専従者給与に関する変更届出書」を提出しなければ

なりません。ただ、給与額を変更するたびに変更届を提出するのも面倒ですので、あらかじめ「月額○○万円以内」と届けておけば、その範囲内で変更することもできます。

② 原則として６か月を超える期間において「専従」すること

　専従者（家族従業員）は原則として６か月（従事できると認められる期間の２分の１）を超えてその事業に専属的に従事（専従）することが必要です。たとえば、他の仕事をしていたり、他の会社などから給料をもらっている場合は専従者とすることはできません。

　また、子ども（大学生）を夏休み中などに手伝いをさせて、給料を支払ったとしても専従者としては認められませんので、その額を必要経費に算入することはできません。

　なお、年齢が15歳未満（確定申告の対象となる年の12月31日現在で判断する）の親族への青色事業専従者給与は認められません。また、青色事業専従者になると配偶者控除、扶養控除は適用できなくなります。

③ 支給額は適正額であること

　専従者給与は実際に支払った金額についてしか認められません。実際仕事をしていない場合は、専従者給与として認められません。

　また、仕事の内容や複雑さの程度、経験などを考慮し、不相当に高額である場合も認められません。つまり、同様の仕事を他の使用人にさせた場合に支払う給与が基準になります。家族間については恣意的になりがちなため、このような基準を置いているのです。ただ、一般の使用人であれば、週40時間労働（１日８時間、週休２日）でよいかもしれませんが、家族となれば、休みもなく働かざるを得ない場合もあるでしょう。そのような事情も考慮して適正な給与の額を決定すべきだといえます。

　なお、青色事業専従者給与を適用すると、青色事業専従者給与と配偶者控除・配偶者特別控除・扶養控除との差額分に対する所得税が減少します。

■ 青色事業専従者給与を適用した場合の節税効果の例 …………

設例

青色事業専従者給与控除前所得	800万円
所得控除合計額（配偶者控除を除く）	200万円
青色事業専従者給与	300万円

※説明の便宜上、青色申告特別控除を省略

1 青色事業専従者給与を控除しない場合の所得税額

青色事業専従者給与控除前所得	800万円
所得控除	−200万円
配偶者控除	− 38万円
課税所得	562万円

所得税額（特別減税除く）

562万円×20%−42万7500円＝69万6500円

2 青色事業専従者給与を控除した場合の所得税額

青色事業専従者給与控除前所得	800万円
青色事業専従者給与	−300万円
所得控除	−200万円
課税所得	300万円

節税額
49万4000円

所得税額（特別減税除く）

300万円×10%−9万7500円＝20万2500円

◎所得税は累進税率なので、専従者給与を支給することで、設例のように所得に対する税率が下がれば、より節税効果が高まる

◎所得には所得税だけでなく、住民税や事業税も課税される。これらの節税額を合わせると節税効果はさらに高まる

2 複式簿記で記帳すると優遇措置・特典がある

65万円の青色申告特別控除を受けることができる

青色申告特別控除による節税効果

　青色申告を適用すれば簡易帳簿であっても10万円の青色申告特別控除を適用できます。また、複式簿記で記帳すれば、最大で65万円の青色申告特別控除を受けることができます。青色申告特別控除を適用すれば、その分課税所得を減らすことができます。つまり、結果的に所得税などを節税することができるのです。

■ 青色申告特別控除を適用した場合の節税効果の例 ……………

```
設例
  青色申告特別控除前所得      800万円
  所得控除合計額           200万円
  青色申告特別控除          65万円
```

1 青色申告特別控除を適用しない場合の所得税額

青色申告特別控除前所得	800万円
所得控除	−200万円
課税所得	600万円

　所得税額（特別減税除く）
　　600万円×20%−42万7500円＝77万2500円

2 青色申告特別控除を適用した場合の所得税額

青色申告特別控除前所得	800万円
所得控除	−200万円
青色申告特別控除	− 65万円
課税所得	535万円

　所得税額（特別減税除く）
　　535万円×20%−42万7500円＝64万2500円

節税額 13万円

3

必要経費となる家事関連費用について知っておこう

合理的基準によって区分する

▌青色申告、白色申告での扱いに違いはあるのか

　事業と家事で区分せずに一体として支出される経費のことを家事関連費といいます。たとえば、店舗併用住宅で仕事をする事業者が支払う電気料などがこれにあたります。

　青色申告では、帳簿などの記録によって業務を行う上で直接必要であることが明らかにされていれば、その部分の金額は必要経費とすることができます。たとえば、店舗併用住宅の場合、電気料を「店舗と住宅の面積比」や「使用時間割合比」で按分するという方法が合理的な区分だといえます。

　これに対して、白色申告の場合は、家事関連費の主たる部分が事業を行う上で必要であることを明らかに区分できる場合に、その部分に限って必要経費に算入するとされています。つまり、青色申告の要件のほうが緩やかなのです。

　なお、「主たる部分」とは、「当該業務の遂行上必要な部分が50％を超えるかどうかにより判定する」（所得税基本通達45－2）としています。

　ただ、実務上は、これ以下であっても事業上必要な部分を明らかに区分できる場合は、必要経費に算入してもかまわないものとされています。そこで、実務的には青色申告であっても白色申告であっても、同様の取扱いがなされており、青色申告と白色申告との実質的な違いはありません。

■ 青色申告の家事関連費の扱い ‥‥‥‥‥‥‥‥‥‥‥‥‥‥‥

| 家事関連費 | ・地代、家賃
・減価償却費
・固定資産税
・火災保険料
・修繕費
・利子などの金融費 | ・水道料金
・電気料金
・ガス料金
・電話料金
・OA機器のリース料金 |

| 合理的基準により区分 | 事業用と家事用の使用度の割合や面積比によって按分する

計算例
家賃＝20万円
事業用面積比：40%

必要経費＝20万円×40% | 事業用と家事用の使用時間の割合や使用頻度によって按分する

計算例
水道料金＝5万円
事業用時間割合比：60%

必要経費＝5万円×60% |

事業用
8万円　　家事用
12万円　　事業用
3万円　　家事用
2万円

4

棚卸資産の評価方法における優遇措置について知っておこう

８つの評価方法がある

評価方法は有利なものを選ぶことができる

　商品として仕入れたものの、その期のうちに売れなかった商品、つまり在庫のことを棚卸資産といいます（160ページ）。

　棚卸資産の評価方法によって所得金額も変わってきますので、その時々の恣意性を排除するために、評価方法を定めて選択適用するようにしています。年末に在庫として残った棚卸資産の評価は原則として、「原価法」によって行います。原価法は、購入したときの単価で棚卸資産を評価する方法です。

　原価法にはさらに、①個別法、②先入先出法、③総平均法、④移動平均法、⑤最終仕入原価法、⑥売価還元法の６つの方法があります。このうち、①～④は継続記録（商品別にその入出庫や残高を帳簿で把握すること）が前提になります。これに対して、⑤の最終仕入原価法は継続記録を必要とせず、小規模事業者でも適用できるものです。所得税法では、「最終仕入原価法」を法定の評価方法として定めています。そのため、棚卸資産の評価方法の届出をしなかった場合には自動的に最終仕入原価法が適用されることになります。

　青色申告の場合は、原価法の他に低価法を適用することもできます。低価法は、年末に残った棚卸資産の時価が取得原価よりも低くなっている場合に、その時価で評価してもよいという評価方法です。棚卸資産の評価額が低くなれば、結果として所得金額が減りますので、所得税も減らすことができます。

　低価法による時価とは、その年末において通常取引されている仕入価額をいいます。

棚卸資産の評価方法の届出

棚卸資産の評価方法を選択し、届け出る場合の提出期限は次の通りです。

① **新規開業の場合**

開業した翌年の3月15日

② **変更する場合**

変更しようとする年の3月15日

たとえば、令和3年から低価法を適用しようとする場合は、令和3年3月15日までに所轄税務署に届出をします。

低価法を適用した場合の節税効果

低価法を適用すれば、原価法による評価額と低価法による評価額との差額分の所得が減少します。そのため、この減少所得に所得税率を乗じた額の所得税が減少します。

たとえば、差額が200万円で、税率が30％であれば、60万円の所得税が減少します。

■ 節税効果のある低価法 ・・・・・・・・・・・・・・・・・・・・・・・・・・・・・・・・・・

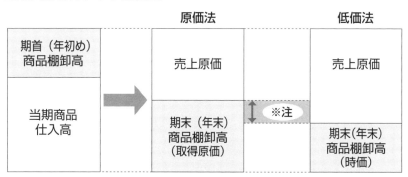

※注）この差額分に税率を乗じた分について税額が減少するため、節税になる

5

固定資産は減価償却する

あらかじめ耐用年数が決まっている

減価償却とは何か

　建物やその附属設備、機械装置、車両などの固定資産は時の経過によってその価値が減っていきます。このような資産を減価償却資産といいます。一方、時の経過などにより価値の減少しない土地や骨とう品などの固定資産は減価償却資産ではありません。

　減価償却資産の取得にかけた費用は、取得した時に全額必要経費になるものではなく、その資産の使用可能期間（耐用年数）の全期間にわたり分割して必要経費としていくべきものです。税法上、耐用年数はあらかじめ定められています（法定耐用年数）。減価償却とは、減価償却資産の取得に要した費用を一定の方法によって各年分の必要経費として配分していく手続きのことです。

　減価償却は、①取得原価（購入したときの価額）、②耐用年数（使用可能期間）の2要素で計算します。

　なお、法人税法では、減価償却するかどうかは任意です（減価償却をしてもしなくてもよい）が、所得税法については強制です。

　上の①の取得原価は原則として購入時の価額（購入諸費用なども加算します）です。

　建物を除く有形固定資産の減価償却の方法には、定額法（平成19年3月31日以前に取得した場合は旧定額法）と定率法（平成19年3月31日以前に取得した場合は旧定率法）の2つの方法があります。このうち、定額法は毎年同額の減価償却費を計上する（年の中途で取得・除却した場合を除く）方法です。具体的には、以下の算式によって償却費を求めます。

> ### 取得原価×定額法の償却率

　これに対して、定率法は初めの年ほど償却費の額が多く、年とともに償却費が減少していく償却方法です。定率法の場合、以下の算式によって償却費を求めます。

> ### 未償却残高×定率法の償却率
> ※ただし、上記金額（未償却残高）が償却保証額よりも少なくなった年以降は、改定取得価額×改定償却率

　未償却残高とは取得価額から前年までに償却した累計額を差し引いた金額のことです。定額法、定率法、いずれにおいても、償却期間の最後の年には備忘価額１円を控除した償却費を計上します。

┃ 定額法と定率法

　定額法と定率法の毎年の減価償却費の額のイメージは表（135ページ）の通りです。定率法は、取得時から耐用年数の半ばまでは、定額法より多くの減価償却費を計上することができますが、耐用年数の後半は定額法より少なくなります。

■ 減価償却とは ··

定額法の場合は、取得価額をもとに毎年計上される減価償却費が均等になるように計算されます。つまり、耐用年数を通して、基本的に毎年同じ金額の減価償却費が計上されていきます。一方で、定率法の場合は、未償却残高（まだ減価償却されていない固定資産の残高）に償却率を乗ずることで減価償却費を算出します。毎年減価償却が行われるのにあわせて未償却残高もどんどん減少していくことになるため、毎年の減価償却費もそれに応じて減少していきます。耐用年数の後半になると、定額法による減価償却費が定率法による減価償却費を上回るのはこのためです。

　短期的に考えれば、取得初期に多額の減価償却費を計上できる定率法のほうが有利になりそうです。

　たとえば、取得価額100万円、耐用年数5年の場合の定額法と定率法の毎年の減価償却費を比較してみましょう（次ページの表参照）。

　1年目（定額法：200,000円、定率法：400,000円）だけ見れば、定額法より定率法のほうが、200,000円分償却費を多く計上できますので、この200,000円に税率を掛けた額の所得税を減らすことができます。

　確かに、固定資産取得時に資金支出となる税金の支払いをなるべく減少させることは資金面では有利です。しかし、所得税は累進課税を採用しており、所得によって税率が増減しますので中長期的な観点から見れば、単純に定率法が有利とはいいきれない場合もあります。

　たとえば、1年目は開業初年であるため、所得も少なく最低税率（5％）が適用されても、5年目は順調になって、所得も増加し、45％の最高税率が適用されることも考えられます。つまり、通算で見た場合、定額法のほうが有利になる場合もあるのです。

　このため、固定資産の減価償却方法を選択する場合には十分に検討して決定することが大切です。

減価償却方法の届出

　所得税法上の減価償却の法定償却方法は定額法です。そのため、定率法を適用しない場合には、届出書を提出しなくてもよいことになります。しかし、逆に定率法を適用する場合には次の期限までに届出書を提出することが必要です。

① 　新規開業の場合…開業した翌年の３月15日

② 　変更する場合…変更しようとする年の３月15日

■ 耐用年数による減価償却額の違い ·······································

	定額法による 減価償却費	定率法による 減価償却費	差　　額
１ 年 目	200,000	400,000	200,000
２ 年 目	200,000	240,000	40,000
３ 年 目	200,000	144,000	△ 56,000
４ 年 目	200,000	108,000	△ 92,000
５ 年 目	199,999	107.999	△ 92,000

■ 定額法と定率法の償却イメージの比較 ·························

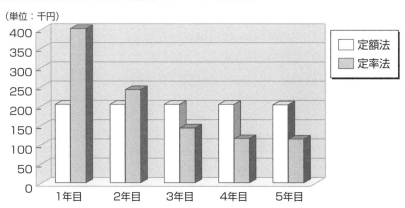

たとえば、令和３年から定率法を適用しようとする場合は、令和３年３月15日までに所轄税務署に届出します。

少額減価償却資産の取扱い

　減価償却資産を取得しても、次のいずれかに該当する場合には、取得時に必要経費に算入できます。

① **使用可能期間が１年未満**

② **取得価額が10万円未満**

　取得価額が10万円以上20万円未満の場合は次のいずれかによります。

ⓐ **通常の減価償却資産として法定耐用年数で償却する**

ⓑ **一括償却資産として３年均等償却をする**

ⓒ **必要経費に算入する（青色申告者）**

　一括償却資産とは、取得価額が20万円未満の固定資産です。さらに、30万円未満の減価償却資産については、合計金額が300万円に達するまでは、青色申告者に限り一括して必要経費に算入することができます。このため、取得価額10万円以上20万円未満の固定資産については上のⓐⓑⓒのいずれかの方法により経費化することになりますが、単年だけの節税効果を見ると、ⓑ→ⓒ→ⓐの順で効果が高いといえます。なお、固定資産の取得金額の判定については、消費税の会計処理を税込方式で行っている場合は、税込価額で判定し、税抜方式で処理している場合は、税抜価額で判定することになります。そこで、税抜方式のほうが、消費税額の分だけ取得価額を低く抑えることができますので、節税上有利になります。

少額減価償却資産の償却例

　少額減価償却資産（取得価額10万円以上20万円未満の資産）の必要経費への算入方法と実際の算入額について、例を挙げて考えてみましょう。

```
・取得価額      150,000円（税抜き）
・取得月日      1月20日
・法定耐用年数   4年
・償却方法      定額法
・償却率       0.250
```

　前述したように、青色申告者の場合、30万円未満の固定資産については、取得して使用を開始した年に一括で必要経費に算入することができるため、本例では3つの償却方法があります。

　3つの方法のそれぞれの経費算入額は下表のようになります。

　①の通常の減価償却の方法によって計算する場合、150,000円×0.250＝37,500円となりますから、1年目から3年目までは毎年37,500円を償却費とします。4年目は備忘価額1円を控除した37,499円を償却費としますので、以後その資産を除却（または売却）するまで残存価額1円が帳簿上残ることになります。

　また、一括償却資産として3年間の均等償却をする場合は、150,000円÷3＝50,000円となり、取得年以降3年間50,000円ずつ償却します。この場合、残存価額はありません。

　なお、必要経費とする場合は1年目に150,000円全額を経費（消耗品費などで処理）とします。

■ 3つの方法のそれぞれの経費算入額 ……………………………

	1年目	2年目	3年目	4年目	計
①通常の償却	37,500	37,500	37,500	37,499	149,999
②3年均等償却	50,000	50,000	50,000	0	150,000
③必要経費算入	150,000	0	0	0	150,000

6

中古・中途購入資産の減価償却計算の特例について知っておこう

取得時の使用可能期間をもとに見積もる

中古資産の耐用年数の見積り

中古資産を取得した場合の耐用年数は、耐用年数表の年数ではなく、その資産を事業で使用した時以後の使用可能期間として見積もった年数です。

ただ、使用可能期間の見積りが困難であるときは、次のいずれかの方法（簡便法）により算定した年数を耐用年数とすることができます。

①　法定耐用年数の全部を経過した資産は、その法定耐用年数の20％

■ 中古資産の耐用年数の見積もり方法 ……………………………

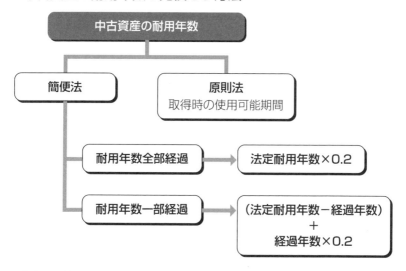

（注）この結果、1年未満の端数が生じたときは、切り捨てて耐用年数を計算する。たとえば、この結果が3.6年であれば3年になる。また、2年未満になったときは2年とする。つまり中古資産の耐用年数の一番短いのは2年となる

に相当する年数

② 法定耐用年数の一部を経過した資産は、その法定耐用年数から経過した年数を控除した年数に経過年数の20%に相当する年数を加えた年数

簡便法に基づいて、たとえば法定耐用年数10年の中古資産を取得した場合を考えてみましょう。もし、その固定資産がすでに10年以上使用され法定耐用年数の全部を経過している場合は、10年×20%＝2年を耐用年数とすることができます。また、同じ中古資産についてすでに経過した耐用年数が5年であった場合は、法定耐用年数10年から経過した年数5年を差し引いた5年に、経過年数5年×20%＝1年を加えた6年がその中古資産の耐用年数となります。

▌中途購入資産の償却計算期間の特例

年の途中で購入した減価償却資産の償却期間は、その年で実際に使用した月数に応じて減価償却費を計上することになります。1か月未満の端数が生じたときはそれを1か月とします。たとえば、11月1日に減価償却資産を取得した場合も11月30日に取得した場合も、取得日から減価償却資産を使用したのであれば、償却期間は2か月（11月と12月）です。

使用するまでに調整を要する機械などのような資産は、購入してすぐには使用開始できないものもあります。減価償却費の計算は、「使用開始時」がスタートとなります。購入しただけでは償却できません。

年の途中で購入した場合の償却費計算の算出法は以下の通りです。

> 年間の償却費 × 事業で使用していた期間／12

Q 固定資産はなぜ減価償却をするのでしょうか。一度に費用計上できる場合もあるのでしょうか。

A 10万円以上の備品を購入した場合は原則として、その備品は固定資産として計上し、減価償却をしなければなりません。例外的に青色申告者については優遇措置があり、30万円未満の固定資産の購入については減価償却をせずに、購入した事業年度に一度に費用計上することが認められています。

減価償却をする目的は適正な費用配分と正しい資産評価です。適正な費用配分を目的とする根拠は、収益と費用が対応しなければならないという会計原則に基づきます。高額の備品などの固定資産は長期間にわたって事業活動、つまり収益の獲得に貢献していくことが考えられます。そのため購入した事業年度だけで費用として計上せずに、購入した事業年度以降も、その固定資産が貢献すると考えられる期間にわたって費用配分していきます。こうすることで、獲得した収益に対応するように費用は計上されるという考えに合致するのです。

また、固定資産は使用を重ねるにつれて、また使用年数が経過するにつれて、徐々に劣化していきます。そのため資産としての価値も目減りしていくのが通常です。この目減りした分を考慮せずに、購入当初の金額のままで固定資産として計上し続けることは、正しい資産価値を表していないといえます。そこで資産価値が目減りした分だけ減価償却をして、正しい資産評価をするのです。

●**減価償却は細かいルールが定められている**

資産価値が目減りした金額、つまり減価償却する金額がいくらかという計算を、納税者独自の判断に任せてしまうと、同じ固定資産で同じように使用していても、納税者ごとに減価償却する金額がまちまちになってしまいます。そこで税法では減価償却のルールを細かく規定しています。固定資産の種類ごとに減価償却できる年数が定められて

おり、減価償却の計算方法も定額法と定率法などに限定されています。それらのルールに従って計算した金額を減価償却費として費用処理できるのです。

●利益の状況は常に注視する

　青色申告者は30万円未満の固定資産については、購入した事業年度にすべて費用として計上することができます。裏を返せば30万円未満であっても、固定資産として計上し減価償却をしてもよいわけです。そのため、30万円未満の固定資産を購入した年の利益が大きく出そうであれば、購入金額の全額を費用処理するほうが節税対策につながります。なぜならそうすることによって利益の金額を大きく減らすことができ、納める税金もその分少なくすむからです。あるいは赤字になりそうな年に固定資産を購入したのであれば、赤字をなるべく増やさないように減価償却を選択することも可能です。

　この優遇措置は青色申告しているからこそ享受できるものです。優遇措置を上手に利用して、固定資産を購入するタイミングや節税対策に生かすとよいでしょう。なお、この優遇措置は、30万円未満の固定資産の購入であれば何度でも適用されるわけではありません。年間での取得価額の合計は300万円が上限ですので注意しましょう。

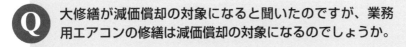

Q 大修繕が減価償却の対象になると聞いたのですが、業務用エアコンの修繕は減価償却の対象になるのでしょうか。

A エアコンなどの固定資産の故障や破損についても、たとえば定期的なメンテナンス代や、元どおりに使用できるようにするために支出した修理代や部品代は、修繕費として支出した全額を一度に費用処理できます。しかし修繕や改修をした結果、その固定資産自体の価値が高まったり、あるいは購入当初よりも使用可能期間が長くなったような場合には、支出した額を一度に費用とすることはでき

ません。このような支出を資本的支出といい、もともとの固定資産の取得価額に資本的支出の金額をプラスして、減価償却していくことになります。

　修繕費となるか資本的支出となるかの判断基準が重要になりますが、まずは支出した金額が20万円未満である場合や３年以内の定期的な修繕であれば修繕費とすることができます。この条件に合わなくても明らかに通常の維持管理や原状回復に関する支出は修繕費です。逆に明らかに資産価値を高める支出は資本的支出です。いずれに該当するか明らかではない場合は、支出金額が60万円未満あるいは取得価額の10％以下であれば修繕費となります。それ以外であっても修繕費として処理できる細かい判定基準はありますが、おおむねこれらの条件に合致しない支出は、実質的側面から資本的支出であると判断されるケースがほとんどです。

■ 修繕費と資本的支出 ……………………………………………

区　分	判断基準	処理方法
修繕費	・20万円未満の場合 ・おおむね３年以内の定期的な修繕 ・通常の維持管理や原状回復 ・資本的支出か修繕費かが明らかでない場合には、60万円未満か、その金額が固定資産の前年12月31日の取得価額のおおむね10％相当額以下である場合	支出額を一括費用処理
資本的支出	・上記以外で資産価値を高める支出となる場合	支出額を減価償却により耐用年数にわたり費用処理

7 税負担そのものが軽くなる税額控除について知っておこう

適用要件を正しく理解する

税額控除には適用期限がある

　所得税の額は、課税対象となる課税所得額に一定の税率を掛けることによって求めます。この「課税所得額」は、収入金額から必要経費を差し引いて算出することになります。そのため、所得控除を最大限に利用して課税所得額を減らすことによって、結果的に支払う所得税額を少なくすることができます。

　青色申告ではこの他に、税負担そのものが軽くなる「税額控除」の制度を利用することもできます。税額控除は一度計算した所得税額からさらに一定の税額を差し引くことができる制度です。税額控除は税額そのものを直接減額することになるため、所得控除に比べても税負担がかなり軽減されます。

　税額控除を適用するには、適用要件を正しく理解しておくことが必要です。特に租税特別措置法で規定されている税額控除は、適用期限も決められていますので、適用にあたっては十分に研究しておくことが必要です。本書では、中小事業者が機械等を取得した場合の税額控除をとりあげています。なお、機械等を取得した場合、税額控除に代えて特別償却（通常の減価償却とは別枠で追加の減価償却が行える制度）も選択できますので、あわせてここで見ておきましょう。

特別償却と税額控除はどちらが有利か

　特別償却と税額控除の両方の制度を利用できる場合、どちらかの制度だけを選択して適用することになります。では、このような場合、どちらの制度を利用したらよいのでしょうか。

特別償却を利用した場合、特別償却を行った額に税率を掛けた分の所得税を減らすことができます。これに対して、税額控除の制度を利用した場合は、所得税額に応じた上限金額を考慮しなければ税額控除額の分の所得税額を減らすことができます。文章だと少しわかりにくいので実例をとって考えてみましょう。

中小事業者が機械等を取得した場合を例にとって、特別償却を利用した場合と税額控除を利用した場合の節税効果の違いを見てみましょう。この制度は、新品の機械や装置などを取得して指定事業に使用した場合に、取得価額の30％の特別償却または取得価額の７％（所得税額の20％が限度）の税額控除を選択できるという制度です。ここで、新品の機械200万円（耐用年数４年、定額法による）を購入したとします。適用税率は33％とします。

■ 中小事業者が機械等を取得した場合の特別償却・税額控除 …

適用期限	令和３年３月31日までの取得
対象資産 （いずれも新品に限る）	・機械装置 　１台160万円以上 ・工具 　１台120万円以上の測定工具・検査工具 　（電気または電子を利用するものを含む） ・ソフトウェア 　70万円以上のもの（電子計算機を用いた一定の 　サーバー用オペレーティングシステムなど） ・貨物自動車（車両総重量が3.5トン以上のもの） ・内航船舶
特別償却限度額	取得価額の30％
特別控除	取得価額の７％、事業所得に関する所得税額の20％、のいずれか少ない方

この場合の節税効果の違いは次ページの表のようになります（ここでは、特別償却と税額控除の効果の違いを理解することが目的なので、計算の途中経過は省略します）。

　特別償却は、減価償却をする最初の年に、通常の減価償却費に加えて特別償却費を計上するというものです。つまり、資産を取得した年に減価償却費を多く計上する方法です。そのため、税率が高税率の場合（30％以上）は、1年目は税額控除より税負担が少なくなります（節税効果は、特別償却：363,000円、税額控除：305,000円）。しかし、数年間の減価償却費の合計額は取得原価までですので、それ以上の償却費を計上することはできません。つまり、特別償却を行うか、または通常どおりの減価償却を行うかは、複数年のうちいつ償却費を計上するかどうかの違いだけなのです。

　これに対して、税額控除では償却費とは関係なく税額そのものを減少させますので、複数年で見た場合は有利になります。税額控除の場合、最終的に取得価額（から備忘価額1円を除いた金額）すべてを経費化した上で、税額控除140,000円（2,000,000円×7％）を利用する

■ 特別償却の計算方法 ……………………………………………

取得価額（基準取得価） × 特別償却割合 = 特別償却限度額

（注）・特別償却は1年間の繰越が可能
　　　・対象資産を取得した場合は、特別償却に代えて税額控除を選択することもできる

■ 税額控除の計算方法 ……………………………………………

取得価額 × 税額控除割合 = 税額控除限度額

（注）所得税額に応じた上限金額が設けられている

ことができるからです。

　耐用年数全体の合計で見れば、特別償却を適用した場合は適用しなかった場合と比べても税負担は軽減されていません。一方で、税額控除を適用した場合は適用しなかった場合と比べて、税額控除140,000円分だけ税負担を軽くすることができています。このことから、耐用年数全体という長い目で見れば、税額控除を適用したほうが節税になるといえます。その一方で、資産を取得した年の税負担を軽減することに対してより強い効果を求めるのであれば、税率によっては税額控除よりも特別償却のほうがより有利に働くものといえます。

　つまり、短期的な節税を狙うのか、中長期的にみるべきか、将来の所得の状況の見積りはどうかなどを総合的に考慮して、いずれを適用するかを判断すべきものといえます。

■ 特別償却と税額控除の節税効果の違い ……………………………

《特別償却の場合》

年	①普通償却費	②特別償却費	③合　計 (①+②)	④節税効果 (③×33%)
1年目	500,000	600,000	1,100,000	363,000
2年目	500,000	0	500,000	165,000
3年目	399,999	0	399,999	131,999
4年目	0	0	0	0

《税額控除の場合》

年	①普通償却費	②償却影響 (①×33%)	③税額控除	④節税効果 (②+③)
1年目	500,000	165,000	140,000	305,000
2年目	500,000	165,000	0	165,000
3年目	500,000	165,000	0	165,000
4年目	499,999	164,999	0	164,999

この他にも青色申告の特典は多数ある

白色申告には繰越控除の制度はない

赤字を３年間繰り越すことができる

　この他にも青色申告の特典は多数ありますが、ここでは「純損失の繰越控除」について見ていきましょう。

　個人事業を行っている場合、毎年所得が生じる（もうかる）とは限りません。急激な景気の変動やライバル店の出現などにより、思わぬ赤字を計上することもあります。このような赤字が発生した場合、白色申告では翌年以降に赤字を繰り越しすることはできませんが、青色申告の場合は、３年間の繰越しが認められています。赤字の貯金のようなものです。

　たとえば、令和２年に1000万円の赤字が発生した場合を例にとって考えてみましょう。この場合、白色申告と青色申告との税負担の差は図（次ページ）のようになります。

　青色申告では、令和２年に生じた損失を令和３年〜５年で生じた所得から控除することができます。

　つまり、この例では、令和３年は600万円の所得ですが、前年の損失1000万円を繰り越しますので課税所得は０円になります。それでも損失は400万円（＝1000万円−600万円）残り、それが令和４年に繰り越されます。

　続いて、令和４年が800万円の所得であれば、繰り越された損失である400万円を控除した残額である400万円が課税の対象になります。これに対して、白色申告では、このような「純損失の繰越控除」制度がありませんので、令和２年の損失は無視され、翌年以降の所得そのものに対して課税されてしまうのです。

■ 純損失の繰越控除 ···

【設例】

令和2年の損失	△10,000,000円
令和3年の所得	6,000,000円
令和4年の所得	8,000,000円
令和5年の所得	8,000,000円

(注) 計算を簡便にするために、所得控除、税額控除は考慮しないこととする

《白色申告の場合》

令和2年 所得税 0円
令和3年 所得税 6,000,000円×20%＝1,200,000円
令和4年 所得税 8,000,000円×23%＝1,840,000円
※3年間の所得税負担額 3,040,000

《青色申告の場合》

令和2年 所得税 0円
令和3年 所得 6,000,000円−10,000,000円＝△4,000,000円……所得は0
令和4年 所得 (8,000,000円−4,000,000円) ＝4,000,000円
　　　　　　　4,000,000円×20%＝800,000円

※3年間の所得税負担額 800,000円
よって、青色申告と白色申告では224万円もの税負担の差が生じる

■ 純損失の繰越控除のイメージ ·······························

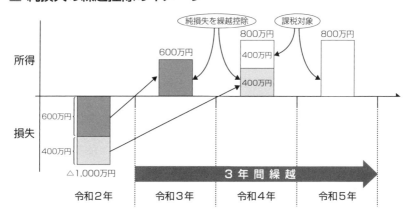

第４章

決算と青色申告決算書
作成の仕方

どのような作業をするのか

1年間の帳簿をまとめる

　帳簿には1年間の営業活動の記録が記帳してあります。この各種帳簿を12月31日で締め切り、まとめる作業が「決算」です。青色申告者は1年間の営業活動の集大成として、（青色申告）決算書を作成することになります。

　決算書は1年間の営業成績の結果として、「もうかったのか」それとも「損をしたのか」を示す書類である「損益計算書」と最終的な財産状況を示す書類である「貸借対照表」などから構成されます。

　青色申告者は損益計算書などの決算書をもとにして、毎年確定申告を行うことになります。

　決算というと、なんとなく面倒な作業のように思われるかもしれませんが、1年間きちんと帳簿を記帳していれば、そんなに難しい作業ではありません。

　ただ、逆に1年間きちんと帳簿をつけていても、決算の段階で集計間違いや計算ミスをしてしまえば、元も子もなくなってしまいます。特に決算書に単純な計算ミスがある場合は、帳簿の信憑性まで疑われることにもなりかねません。そのため、しっかりとした順序で慎重に決算作業を進める必要があります。

貸借対照表と損益計算書が重要

　決算書には、貸借対照表、損益計算書、株主資本等変動計算書、キャッシュ・フロー計算書といった種類があります。このうち、個人事業主の決算と青色申告で重要な意味をもつのは貸借対照表と損益計

算書です。

・**貸借対照表**

決算書には、財政状態を明らかにする役割があります。その役割を担うのが貸借対照表です。貸借対照表は、英語でbalance sheet、またはB/S（ビーエス）と呼ばれます。事業を営むにあたってどれだけの資金を集め、そしてその資金をどのような事業活動に投資し、運用しているのかを示す表形式の書類です。

貸借対照表は、左側が資産、右側が負債・純資産と左右に2列に分かれて表され、右側と左側の各々の合計金額は、必ず一致します。

左側の資産は資金の使い途を表し、右側は調達した資金を表します。負債は他人からお金を借りて作った資金で、純資産（個人事業主の場合はおもに元入金）は事業のために事業主が用意した資金とイメージしておけばよいでしょう。

・**損益計算書**

決算書には事業の経営成績を明らかにする役割もあります。この役割をはたすのが損益計算書です。損益計算書は、英語でprofit and loss statement、一般的にはP/L（ピーエル）といわれています。

売上金のようなお金が入ってくる取引を収益といいます。また、家賃や従業員の給料などお金を払う取引を費用といいます。収益から費用を差し引いたものが儲けになります。損益計算書を見ることで、事業の活動結果としてどんな収益がどれだけあり、どんな費用がどれだけかかり、結果としてどれだけ儲かったのかを把握することができます。

決算作業の順序を確認する

本章では、決算処理の手順と実際の青色申告決算書の書き方について見ていくことになりますが、決算のおおまかな流れを確認しておきましょう。

まず、自分が営んでいる事業の1年間の売上高（収入金額）を確定

します。この場合の1年間というのは1月1日から12月31日までのことです。売上高を請求の都合上、毎月20日や25日に締めている事業者であっても、12月31日までの売上高を拾って決算書の売上高に含める必要があります。売上高は原則として、実際に現金や手形で受けとったものだけでなく、すでに取引先に商（製）品を納品しているものや、サービスが提供し終わっているものについても含めます。

　次に、在庫などの「棚卸」をして、1年間の売上原価（売上に対応する仕入価額や加工賃のこと）を確定します。商品や材料として仕入れたものを仕入れた年にすべて使い切ってしまうということはまれでしょう。そこで、決算の対象となる年の12月31日現在で売れ残っている商品やまだ使っていない材料については、その年の売上原価から除いて、翌年以降の売上原価に含める必要があります。そのために残っている商品や材料をカウントする作業が棚卸です。

　売上原価と同じように、1年間にかかった必要経費も合計します。事業者が支出した費用はすべて経費になると思っている人もいますが、必要経費になるものとならないものがありますので、しっかりと区別する必要があります。特に電気代・ガス代・水道料・電話料のように事業用と家事用（家庭用）の支出が一体となっている経費については、合理的な基準で按分して、経費を計算することになります。

　なお、仕入金額や必要経費については、帳簿をしっかりつけていれば、締め切って集計するだけですから、比較的簡単です。ただ、計算ミスに注意しなければなりません。

　その他に固定資産の減価償却費を計算したり、貸倒れの金額を確定したりする作業などもあります。

　このような一連の作業が終わった後に、決算準備表を作成します。決算準備表は決算書を作成するためのいわば下書きのような書類です。決算準備表ができると、いよいよ決算書の作成に入ります。

2 決算とはどのように行うのか

元帳と補助簿の照合から決算書の作成まで

▌申告の時期は2月16日から3月15日

　決算とは、帳簿に記録された結果（総勘定元帳）を事実と照らしあわせ、所要の修正（決算修正）を加えた後、財政状態（貸借対照表）や経営成績（損益計算書）を明らかにする手続きです。

　個人事業者は毎年1月1日から12月31日までの収支を計算します。年1回決算をし、それをもとにその年の翌年2月16日〜3月15日までの間に申告することになります。これが確定申告です。

▌決算手続きの流れ

　青色申告決算書である損益計算書や貸借対照表は、総勘定元帳をもとにして作成します（簡易簿記の場合は、該当する簡易帳簿をもとにして作成します）。しかし、総勘定元帳などの記録が必ずしも正しいとは限りません。そのため、記録に誤りがあるときは記録そのものを訂正することもあります。少なくとも決算手続きでは、以下のような手順を行います。

① 　総勘定元帳と補助簿を照合する

　総勘定元帳とその明細である補助簿を照合します。両者とも同じ情報をもとに記録していますから、合致してあたりまえなのですが、内部管理体制がしっかりしていない事業者の場合、違いがでることもあります。

② 　勘定明細書の作成と現物などとの照合をする

　記録と事実を照合する作業です。具体的には、補助簿などから勘定科目の明細書を作成し、預金通帳・証書、残高証明書、借入金返済予

定表、棚卸表などと照合して、記録が事実と異なっていないかを確認します。

③　決算修正仕訳をする

　修正すべき事項や引当金の計上などの決算修正仕訳を行います。

　これには、次のようなものがあります。

・経過勘定科目の処理

・棚卸資産の評価

・減価償却費の計上

・引当金の計上

④　元帳の締切りと決算書の作成をする

　決算修正仕訳を行った結果、総勘定元帳にはその年のすべての取引が記録されることになります。そこで、その時点で元帳を締め切り、残高を確定させます。また、その残高を決算書に転記して決算書を完成させます。

■ 決算の概要 ………………………………………………………

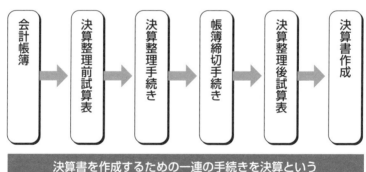

| 会計帳簿 | 決算整理前試算表 | 決算整理手続き | 帳簿締切手続き | 決算整理後試算表 | 決算書作成 |

決算書を作成するための一連の手続きを決算という

収入金額を算出する

付随収入も総収入金額に算入する

総収入金額に含まれるもの

　事業所得の総収入金額には、事業で生じた商品の売上高、工事の請負収入、手数料収入などのメインの事業での収入だけでなく、付随する収入も含まれます。

　通常、付随収入は、帳簿処理上は「雑収入」として処理されます。たとえば、製造業で従業員のために、工場内に自動販売機を置いている場合の販売手数料収入や作業くずの売却代金などがこれにあたります。また、債務（借金）免除を受けた場合の債務免除益や前年以前に貸倒償却済みの債権を回収した場合の償却債権取立益などもこれにあたります。

　償却債権とは、前年以前にすでに貸倒れとして処理した債権のことをいいます。また、債権の貸倒れ処理後に先方（取引先）から入金を受けた場合に、その入金を受けた額を償却債権取立益といいます。

　このように、事業に関係する収入であれば、基本的には総収入金額としなければなりません。なお、事業用固定資産の売却した場合の売却益については、取得価額によって次のように取扱いが異なります。

・使用可能期間が1年未満の事業用固定資産、取得価額10万円未満の少額な事業用固定資産、取得価額が20万円未満であって一括償却した事業用固定資産の売却収入は事業所得の総収入金額に含める

・上記以外の事業用固定資産の売却収入は、譲渡所得の収入金額に含める

売上高を帳簿から決算書に転記する

　売上高は複式簿記では、総勘定元帳の「売上（高）」勘定に、簡易

簿記では、特定勘定元帳に記載されることになります。

　所得税の青色申告決算書では、２ページ目に月別売上金額（収入金額）を記載することになっていますので、次のような手順で帳簿から転記します。

・売上高は、売上高勘定または特定勘定元帳から月別の売上高を計算して、青色申告決算書の月別売上（収入）金額の表に転記する。

・家事消費は、家事消費勘定から年間合計額を転記する。

・雑収入は、雑収入勘定から年間合計額を転記する。

■ 帳簿から青色申告決算書への転記方法 ……………………………

氏　名（フリ ガナ）　○　○　○　○

○月別売上（収入）金額及び仕入金額

月	売　上（収　入）金　額
1	5,703,050 円
2	4,869,480
3	7,750,100
4	6,863,790
5	7,227,800
6	8,527,300
7	6,305,100
8	6,385,200
9	5,835,800
10	6,358,500
11	4,895,200
12	9,835,800
家事消費等	3 8 6 5 0 0
雑収入	7 3 5 0 0 0
計	8 1 6 7 8 6 2 0

提出用（令和元年分以降用）

売上高勘定または特定勘定元帳

家事消費勘定

雑収入勘定

総収入金額

4 売上高・仕入高を計上する

正しい時期に計上する

売上計上時期の基準はいくつかある

所得税法では事業所得の総収入金額の計上は、その収入が確定したときに行うとしています。つまり、実際に入金したかどうかに関係なく計上しなければならないのです。

一般的に商取引は次のような流れになっています。

取引先から注文を受けた後、店舗・倉庫内の在庫を出荷します。商品を納品した時点で相手方の検収を受けます。検収に合格した分の商品代金を相手方に請求し、当初の約定に従って代金を回収します。出荷から検収までの間を「引渡し」といいます。売上高を計上する時期としては、継続して「出荷」時に計上する（出荷基準）ことも、継続して「検収」時に計上する（検収基準）ことも認められています。

売上（収入）の計上時期については税務上もトラブルになる可能性が高いので、出荷基準を適用している場合は、年末直近に出荷したものについて、納品書控えなどをもとに売上高が正しく計上されているかどうか確認しなければなりません。入金が翌年の1月以降であっても、12月までに出荷していればその年の売上になるからです。

その他の収入の計上時期

出荷基準や検収基準以外の方法で売上を計上する場合もありますので、確認しておきましょう。

① 請負による収入金額の計上時期

通常、工事請負契約は、契約時に頭金を受け取り、工事に着手します。その後契約に従い、中間金を受け取り、完成引渡しの後に最終残

金を受け取ります。これらの入金のタイミングにかかわらず、工事などの請負による収入は、長期大規模工事ではない限りその請負物の引渡しをした日に計上します（完成工事高の計上）。そのため、頭金、中間金を受け取ったときは前受金（または未成工事受入金）の計上として、完成後に残金を受け取ったときは売掛金（または完成工事未収入金）の取崩しとして処理し、収入としては計上しません。ここで、完成した請負物を相手方に引き渡したときの仕訳を見てみましょう。工事請負金額は150万円であり、完成までにすでに頭金・中間金を100万円受領しているものとします。

（借方）未成工事受入金　1,000,000 ／（貸方）完成工事高　1,500,000
　　　　　完成工事未収入金 500,000

収入は請負物を引渡した日に計上するため、完成工事高150万円を計上します。また、前受金である未成工事受入金については、請負物の引き渡し義務がなくなったことから減少させます。まだ受領していない金額については、売掛金である完成工事未収入金として計上します。

② 　農産物の収入金額の計上時期（収穫基準）

農産物の収入については収穫した日に収穫価額（生産者販売価額）

■ 受注から入金までの流れと売上高計上のタイミング …………

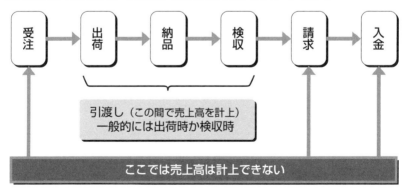

で収入が確定したものとして売上に計上します。これを収穫基準といいます。

▌仕入高を帳簿から決算書に転記する

　売上高を上げるために、商品販売業であれば商品を仕入れ、製造業であれば材料を仕入れて加工します。このような売上高を上げるための仕入れは、仕入（高）として計上します。仕入高は複式簿記では、総勘定元帳の「（材料）仕入（高）」勘定に、簡易簿記では、特定勘定元帳に記載されることになります。所得税の青色申告決算書では、2ページ目に月別仕入金額を記載することになっていますので、仕入高は、仕入高勘定または特定勘定元帳から月別の仕入高を計算して、青色申告決算書の月別仕入金額の表に転記します。

■ 仕入高の帳簿から決算書への転記 ……………………………………

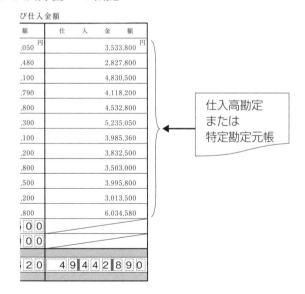

棚卸資産とは

　商品の仕入高がすべて当年の売上高に対応するとは限りません。たとえば、当年の途中からスポーツ用品店を開業したとしましょう。サッカーボールを10個仕入れて、当年中に8個販売したとします。販売価格1個3,000円、仕入価格が1個2,000円であれば、年末には、売上高と仕入高は次のようになっているはずです（他の商品の販売はないと仮定します）。

　　売上高　3,000円×8個＝24,000円

　　仕入高　2,000円×10個＝20,000円

　もし、このまま決算をした場合、利益（売上総利益）は4,000円になりますが、このままだと売上高と仕入高（売上原価）に含まれているサッカーボールの数が対応していないことになります。店頭陳列されて売れ残っているサッカーボールの仕入高は当年の売上高には対応しませんので、当年の仕入高から除外しなければ当年の売上高と正しく対応させることはできないのです。

　このように、商品として仕入れたが年末に売れ残っている商品を棚卸資産（在庫）といいます。決算においては、棚卸資産を正確に把握して仕入高から控除することで、売上高と仕入高（売上原価）が対応するようにします。

実地棚卸の具体的手順

　実際に在庫にあたって在庫数量をカウントし、かつ、在庫の現状を確かめる作業を「実地棚卸」といいます。具体的には、店頭や倉庫の

棚の端から数えて、商品名や数量を「棚卸表」に記入していきます。実地棚卸の前には在庫の整理整頓をします。同じ商品が複数の場所に置かれている場合には、一か所にまとめるなどして、カウントもれや数えまちがいを防止するようにしましょう。

　実地棚卸を行うタイミングとしては年末でしかも、休業に入っていて商品を販売していないときがベストです。なぜなら、営業中に棚卸を行うと在庫の確定が困難になってしまうからです。営業中に棚卸を行う場合は、必ず、実地棚卸日の金額に年末までの在庫の動きについての調整を加えなければなりません。また、他の倉庫に在庫として保管していたり、未着品であったり、他に預けている場合（預け品）は注意が必要です。これらの商品についても棚卸資産に含めなければ、棚卸資産の正確な金額が把握できません。

　次に、棚卸資産に記載された商品の単価を請求書などによって確認し、棚卸表に記入します。最後に、商品別の数量に単価を乗じて金額を算出します。そして、棚卸資産の合計額を集計して棚卸の作業は終了です。なお、青色申告者の場合、棚卸表は7年間の保存義務があります。

　ところで、棚卸資産の金額は、次の手順で確定します。

■ 棚卸資産について ……………………………………………………

仕入高（@2,000×10個＝20,000）

売れた分　　　　　　　　　　　　残った分

売上原価（@2,000×8個＝16,000）　　棚卸資産（@2,000×2個＝4,000）

継続記録法を採用している場合

　帳簿（商品有高帳）によって受払（商品の仕入と出荷）した金額と残高を品目別に管理する方法を「継続記録法」といいます。継続記録法によって帳簿上の数量と実際の数量を比較することで、在庫のロスなどを管理することができます。　継続記録法を採用した場合は、まず、帳簿上の棚卸金額を確定します。次に、実地棚卸のため在庫を数えて、実地棚卸高を確定します。最後に、帳簿棚卸高と実地棚卸高の差異を調整して、在庫金額を確定させます。

手順2 実地棚卸法を採用している場合

　継続的な帳簿管理を行っていない場合、実地棚卸を行って棚卸資産の金額を確定することになります。事務処理の手間を省略するため、帳簿による管理を行わずに実地棚卸の方法によって棚卸高を確定します。なお、この方法では、在庫のロスがどの程度あるかは把握できません。

棚卸資産の評価方法

　継続記録法によっている場合は、個別法、先入先出法などの評価方法を採用することができますが、実地棚卸法によっている場合は、最

■ 棚卸資産の計算方法 ……………………………………………

棚卸表

商品名	数量	単価	金額	備　　考

実地棚卸により記入　　　請求書などから記入　　　数量×単価　で計算

終仕入原価法しか採用することができません。最終仕入原価法は、在庫として残っている商品の評価単価をその年の最後に仕入れた商品の単価で評価する方法です。たとえば、A商品の仕入単価の推移が「11月：300円 → 12月：320円」であったとします。本来、年末に残る在庫はすべて12月に仕入れたとは限らないのですが、最後に仕入れた320円の単価で棚卸資産を評価することになります。

売上原価の算出方法

売上高はその年の仕入高と対応させるのではなく、仕入高に期首と期末の棚卸資産（在庫）を加減して算出した売上原価と対応させなければなりません。売上高から売上原価を差し引いたものが、売上総利益です。

簿記では、売上原価の算出を仕入高勘定で行うのが一般的です。

ⓐ（借方）仕入高　　／　（貸方）繰越商品

ⓑ（借方）繰越商品　／　（貸方）仕入高

ⓐは、前期の棚卸高を仕入高に振り替える仕訳であり、ⓑは仕入高（売上原価を示す）から当期末の棚卸高を振り替える仕訳です。しかし、この方法では、損益計算書の売上原価と帳簿の記録を対応させるのは困難です。

そこで、期首棚卸高、期末棚卸高という勘定科目を設けて、売上原価を算出するようにします。そうすれば、帳簿と損益計算書が明確に対応することになります。

ⓒ（借方）期首棚卸高　／　（貸方）商品

ⓓ（借方）商品　　　　／　（貸方）期末棚卸高

この場合、総勘定元帳の関係する勘定科目の金額をそのまま損益計算書に転記することができます。

■ 売上総利益と売上原価の算出 ･･･････････････････････････

【売上総利益の算出】

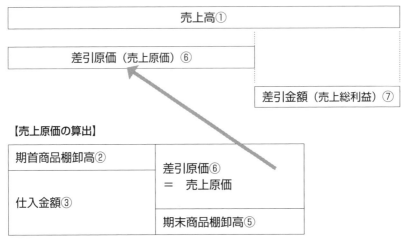

【売上原価の算出】

期首商品棚卸高②	差引原価⑥ ＝　売上原価
仕入金額③	
	期末商品棚卸高⑤

○内の数字は所得税青色決算書の損益計算書（下図）の番号に対応しています。

■ 売上原価の記載方法 ･･･････････････････････････････

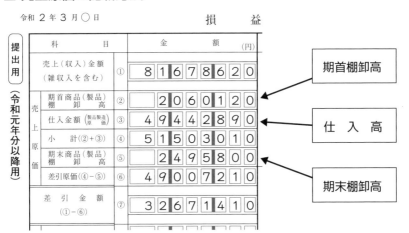

6 自家消費額の評価方法を知っておこう

通常の販売価額で計上するのが原則である

通常の販売価額の70%で計上することもできる

　個人商店の事業主が店の商品をただで使った場合や贈与した場合、飲食店を経営している事業主が店の食事をただで食べた場合、それらの消費（自家消費という）を全く収入としなければ、その分所得が減ってしまいます。

　そこで、所得税法では、自家消費についても収入に計上すべきとしています。そして、自家消費を計上する場合の収入金額は、棚卸資産など（商品や材料）の通常の販売価額によって計算することとされています。また、取得原価を自家消費の収入金額として計算することも認められています。ただし、取得原価が通常の販売価額の70％未満の場合は、通常の販売価額の70％を自家消費の収入金額としなければなりません。

　たとえば、次の例で確認しましょう。小売店で店頭の商品であるパン（1個100円）を自家消費した場合を考えてみましょう。

　通常の販売価額　　　100円
　取得価額　　　　　　60円

　取得価額は60円ですので、通常の販売価額の70％である70円未満です。そこで、この場合は、通常の販売価額の70％である70円を自家消費として収入計上することができます。

　収入が少なくなれば所得が減りますので、結果的に所得税も減少します。このパンの例では、通常の販売価額の70％で自家消費の収入金額を計上する方法（特例）を採用するほうがよいことになります。ただ、特例によって自家消費による収入金額を計算するためには、自家

消費のつど、仕入単価または通常の販売価額の70%で評価し、帳簿に記載しておくことが必要ですから、多少手間がかかることになります。

なお、自家消費の場合、自家消費のつど代金を現金で支払ったりはしないでしょう。そこで、売上高の相手科目を「事業主貸」として処理します。

（借方）事業主貸 ／ （貸方）自家消費高（または売上高）

青色申告決算書の2ページ目に自家消費の収入金額を記入する箇所があります。このため、売上高勘定に含めて処理するより「自家消費高勘定」を別に設けて記帳したほうがよいでしょう。

■ 自家消費額と事業用消費額の評価事例 ……………………………

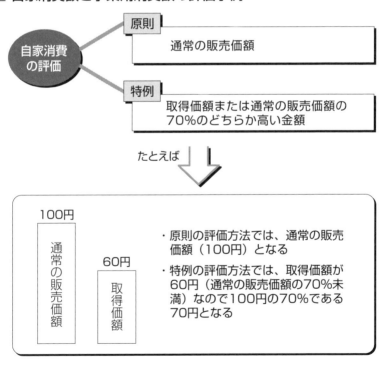

7 必要経費として計上できる経費とできない経費がある

収入を得るためにかかった経費が必要経費である

必要経費とは何か

　所得税法では、収入を得るためにかかった経費を必要経費として差し引いて所得を計算します。このため、どのようなものが必要経費となるか、またはならないかを理解しておくことはとても重要なことです。

　必要経費は、総収入金額に対応する売上原価または収入を得るために直接要した費用の額とその年に生じた販売費、一般管理費その他業務上の費用です。売上原価については163ページで確認しましたのでここでは、売上原価以外の経費について見ていくことにしましょう。

必要経費計上の原則

　収入金額と同様に、現実に支払った金額ではなく、その事実が発生していて（債務の確定）、金額が合理的に算定できれば、原則として必要経費として計上することができます。減価償却費や引当金はこの原則に当てはまりませんが、例外として必要経費となります。

　なお、支出した費用を必要経費として計上するためには事業との関連性がなければなりません。たとえば、家事上の支出は事業に関連しないので、原則として必要経費に算入することができないのです。

おもな必要経費の内容と留意点

　個人事業者の支出の中で、おもな必要経費の内容と事業上の経費として認められるためのポイントを確認しておきます。

① 租税公課

　租税公課とは、事業に関連して納付することになった税金や賦課金

のことです。たとえば、固定資産税、自動車税、自動車取得税、自動車重量税、登録免許税、不動産取得税、印紙税、事業税、事業所税、事業所得者などの所得税を延納した場合の利子税などが租税公課にあたります。

　これに対して、次のⓐ～ⓒのような支出は必要経費になりません。

ⓐ　所得税、住民税

ⓑ　所得税の加算税・延滞税、住民税の延滞金

ⓒ　罰金、科料、過料など

　ⓑは、罰金的性格から必要経費にしないとされているものです。

　なお、事業税は、当年分を翌年3月に申告して確定し、8月と11月に納付します。事業税は、税法上廃業時を除き未払計上することはできず、実際の納付時に必要経費に算入することになります。

　消費税は、当年分を翌年3月31日までに申告納付します。会計処理の方法として税込方式（消費税を対価に含めて売上高や仕入高・経費を計上する方式）を採用しているときは、原則として、申告時に必要経費に算入します。ただ、決算時に未払計上すれば計上時の年の必要経費に算入することができます。

② 　荷造運賃

　荷造運賃とは、商品を販売するためにかかった包装材料費、運送費などをいいます。商品仕入れにかかった引取運賃は原則として仕入高に含めることになっています。

③ 　水道光熱費

　水道光熱費とは、事業用として消費した電気代、水道料・下水道料、ガス代などをいいます。

④ 　旅費交通費

　旅費交通費とは、事業に付随してかかった電車などの乗車券代・宿泊料のことです。

　商取引がおもな目的である海外渡航費は、事業の遂行に直接必要な

部分の金額は必要経費になりますが、同業者団体などが主催する観光旅行の費用などは必要経費にできませんので注意が必要です。

⑤　通信費

　通信費とは、事業用に使用した電話料、携帯電話料、FAX代、郵送料（切手代やハガキ代など）などをいいます。

⑥　広告宣伝費

　広告宣伝費とは、テレビ・ラジオ・新聞・雑誌などにかかった広告費用、不特定多数の者に対する広告・宣伝の目的で配布するカレンダーやタオルなどの購入費用をいいます。

⑦　接待交際費

　接待交際費とは、得意先を接待した費用や中元・歳暮代などの贈答品の購入費用（贈答品を送った場合の運送費も含む）のことです。

　接待交際費は、支出されたことが明らかで、かつ、相手方、支出、接待の状況から見て、事業の遂行上必要と認められる場合に限って必要経費とすることができます。したがって、帳簿や購入の際の領収書の裏側に支出のつど相手方などを記入しておくことが必要です。特に、まとめてお歳暮を贈る場合などは、贈答先名簿を作成しておくことが大切です。

⑧　損害保険料

　損害保険料とは、事業用建物について支出した火災保険料や事業で使用している自動車の保険料などをいいます。

　満期返戻金のある長期損害保険料についての積立部分は必要経費とすることができません。年の途中で年払保険料を支払った場合は、翌年以降の期間に対応する部分の支出額は前払保険料として資産計上することになりますので、必要経費に算入できません。ただし、未経過部分が1年以内に到来するのであれば、継続（毎年）して支払時に必要経費に算入することができます。

⑨　消耗品費

消耗品費とは、包装材料代や事務用品代などをいいます。また、固定資産（工具器具備品など）のうち、使用期間が1年未満のものや取得価額が10万円未満のものは、購入時に消耗品費として必要経費に算入できます。

　購入したコピー用紙などの消耗品が年末に残っている場合、原則として貯蔵品に振り替えなければなりません。しかし、おおむね一定量を購入し、経常的に消費している場合で、継続して毎年支出時に必要経費に算入しているときは、実際の支出時に必要経費とすることができます。1件10万円未満かどうかは、消費税の会計処理によって異なります。税込方式を採用しているときは税込金額で、税抜方式の場合は税抜金額でそれぞれ判断します。

⑩　**福利厚生費**

　福利厚生費とは、従業員の福利厚生のために支出した次のような費用をいいます。

・従業員の慰安、保険、修養などのために支払う費用
・事業主が負担すべき従業員の健康保険、労災保険、厚生年金保険、雇用保険、介護保険などの保険料
・事業主が従業員のために負担する退職金共済
・事業主が自己を契約者、従業員を被保険者とした契約に基づく生命保険料（満期保険金の受取人が従業員である場合は従業員の給与所得として扱われます。また、積立金となる部分は必要経費にできません）。

⑪　**利子割引料**

　利子割引料とは、事業用資金の借入金について支払った利子や手形の割引料のことです。

⑫　**地代家賃**

　地代家賃とは、事業用の店舗や駐車場などの土地や建物を賃借している場合に支払った賃料（地代）や家賃のことです。

FA0203

令和 01 年分所得税青色申告決算書 （一般用）

令和2年3月〇日

提出用（令和元年分以降用）

住所（事業所所在地）	東京都〇〇区〇〇町〇丁目〇番〇号
事業所所在地	同　　上
業種名	〇〇業
フリガナ・氏名	〇〇〇〇
電話番号	（自宅）03-〇〇〇〇-〇〇〇〇（事業所）03-〇〇〇〇-〇〇〇〇
加入団体名	
依頼税理士等	氏名（名称）／電話番号

損益計算書 （自 1 月 1 日 至 12 月 31 日）

科目		金額（円）	科目		金額（円）	科目		金額（円）
売上（収入）金額（雑収入を含む）	①	81 678 620	消耗品費	⑰	123 850 0	貸倒引当金	㉞	
期首商品（製品）棚卸高	②	20 601 120	減価償却費	⑱	4 597 800		㉟	
仕入金額（製品製造原価）	③	49 442 890	福利厚生費	⑲	935 860 0		㊱	
小計（②＋③）	④	51 503 010	給料賃金	⑳	48 000 000		㊲	
期末商品（製品）棚卸高	⑤	24 495 800	外注工賃	㉑		専従者給与	㊳	5 600 000
差引原価（④−⑤）	⑥	49 007 210	利子割引料	㉒	6 000 000	貸倒引当金	㊴	
差引金額（①−⑥）	⑦	32 671 410	地代家賃	㉓	3 600 000	計	㊵	
租税公課	⑧	1 326 000	貸倒金	㉔		青色申告特別控除前の所得金額（㊳＋㊵）	㊶	5 600 000
荷造運賃	⑨	1 459 800		㉕		青色申告特別控除額	㊷	650 000
水道光熱費	⑩	352 274		㉖		所得金額（㊶−㊷）	㊸	884 52 79
旅費交通費	⑪	978 967	雑費	㉗	53 850			
通信費	⑫	650 000	計	㉘	17 576 131			
広告宣伝費	⑬	650 000	繰入額等 ㉙					
接待交際費	⑭		貸倒引当金	㉚				
損害保険料	⑮	253 800	計	㉛				
修繕費	⑯	185 000	差引金額（⑦−㉘）	㉜	15 095 279			

−1−

経費帳から転記する

※青色申告特別控除については、「決算の手引き」の「青色申告特別控除」の項を読んでください。

※下の欄には、書かないでください。

年の途中で年払いにより地代家賃を支払った場合は、翌年以降の期間に対応する部分は前払地代家賃として資産に計上することになりますので、必要経費に算入できません。ただし、未経過部分が１年以内に到来するのであれば、継続（毎年）して支払時に必要経費に算入することができます。なお、契約上の支払期限がすでに到来しているものについては未払計上できます。

▍未払金の取扱い

　所得税法では、必要経費となる金額は、その年において債務の確定した金額とされています。つまり、実際の支払いはまだ行われていなくても、請求書が届いていれば、その年の必要経費とすることができるのです。経理処理上は、年度末の決算整理の中でこのような費用を「未払金」として計上します。

　たとえば、翌年１月末引き落としとなっている12月分の事務所の家賃や、12月までに購入したものの月末締め翌月支払いとなっている消耗品費などは、「未払金」とすることでその年の必要経費に含まれます。

　このような「未払金」を探すためには、翌年１月以降の通帳やカード利用明細を見てみましょう。それらに記載されている経費のうち、12月までに利用していたり、購入したものがあれば、決算整理の中で「未払金」とすることができます。

▍必要経費を帳簿から決算書に転記する

　複式簿記では、総勘定元帳の該当する勘定科目（簡易簿記では経費帳）から青色申告決算書の１ページ目の損益計算書に転記します。なお、主要な科目については、２ページと３ページが科目の内訳表になっていますので、それとの整合性を確認しながら記入していきます。

Q 妻と２人でデザイン事務所をやっていますが、家族旅行やスポーツクラブの会費、映画鑑賞は、福利厚生費として処理できるのでしょうか。

A 事業主や経営者に対しては、福利厚生という考え方はありません。したがって、事業主とその家族の慰安のための支出は、原則的には福利厚生費とはなりません。さらに言うと、福利厚生費で処理できるのは、従業員全員参加の慰安旅行など、従業員全体に対して平等に支出されたものということになります。従業員全員を連れて行った慰安旅行や映画鑑賞の費用については、福利厚生費として処理をすることができます。主催者である事業主も同行するのが自然ですので、この場合は事業主の分も福利厚生費として処理をして差し支えありません。

　従業員が複数いる中で、特定の人にのみ何らかの利益を与えたという場合には、福利厚生費として見るのは難しいといえます。経費ではありますが、従業員への「給与」として取り扱います。給与の場合には源泉所得税の計算に注意しましょう。たとえば、それが食事や住宅などの現物給与として支給をした場合には、「厚生労働大臣が定める現物給与の価額」（厚生労働省告示）により都道府県ごとに定めた額に基づいて金額換算して源泉所得税を計算します。また、それ以外のものを支給する場合には、原則として時価で換算して源泉所得税を計算します。

　それでは、たとえば従業員を雇っておらず、一人で仕事をしている場合はどうでしょうか。１年間仕事を頑張った自分へのご褒美として、年末に一人で旅行に行ったとします。確かに職場の人員は事業主であるその人のみですから、職場全体で旅行に行ったという見方もあるかもしれませんが、これは福利厚生費とはなりません。事業主のために支出したものであるからです。映画鑑賞やレジャー施設の利用料の場

合でも同じことです。

スポーツクラブの会費の取扱いについてですが、プロスポーツ選手などではない限り、経費とするのは難しいといえるでしょう。従業員の健康管理のための福利厚生費であると考えるかもしれませんが、健康管理という行為は、職種に限らずだれもが行うものであるため、経費に含める根拠としては弱いといえます。ただし法人の場合、法人会員として入会し、従業員全員がいつでも利用できるのであれば、福利厚生費としての処理が可能です。

旅行やスポーツクラブ、映画鑑賞のようないわゆる遊びのための支出については、取扱いが微妙になってきます。強引な内容であれば認められない場合もあるため、取扱いには注意が必要です。

●仕事に関連があれば経費である

事業主が支出した映画鑑賞や旅行の費用について、福利厚生費では処理できないということですが、経費として落とすことができる場合があります。それは仕事に関連している場合です。

本ケースの場合であれば、たとえばデザインの勉強のためなど、仕事を目的とする旅行や映画鑑賞であれば立派な経費です。仕事であることを証明するために、企画書や報告書などを作成し、記録を残しておくことが重要です。形式は、レポート用紙やワープロなどで作成した簡単なものでかまいません。たとえば内容が一目でわかるようなタイトルをつけておき、「日時」「場所」「内容」などを記録しておけば十分でしょう。

また、たとえ情報収集などの名目を立てたところで、風俗店における遊興費などは、経費としてふさわしいとはいえません。事業主が自ら税額を申告して納税するという申告納税制度では、納税者の良心に委ねられている側面があります。常識の範囲内での処理をこころがけるようにするべきです。

Q 福利厚生費はどこまで入るのでしょうか。仕事を手伝っている妻と従業員抜きで食事に行ったようなものも福利厚生費にあたるのでしょうか。

A 福利厚生費とは、従業員の慰安、医療、衛生、保険などのために事業主が支出した費用です。ポイントは、社員に対しておおむね一律に提供されたものだということです。つまり、飲食であれば従業員全員を対象としたもの、従業員とその家族に対する冠婚葬祭の祝金や香典であれば、従業員全員に共通する一定のルールに基づいた金額を、福利厚生費として取り扱うことになります。また、通常は事業主とその家族に対する支出は、福利厚生費には含まれません。

質問の場合、妻が仕事を手伝っているということで業務上という見方もあるかもしれませんが、従業員抜きでの食事ですので、これは福利厚生費ではなく家計費だといえるでしょう。夫婦で事業を営んでいるような場合で、たとえば残業時の夜食代など、常識の範囲内のものについては、福利厚生費となるケースも考えられます。

個人事業者とその妻との食事代が経費になるかどうかという観点で見た場合、判断の基準は、その食事が仕事上のものであるかどうかです。業務上妻が同行する必要がある食事会であれば、福利厚生費に限らず経費で落とすことができます。

Q 個人事業主の場合、交際費に上限がないと聞いたのですが、節税目的で有効に活用できるのでしょうか。

A 交際費とは、得意先や仕入先などの事業関係者に対して、接待、供応、慰安、贈答等の行為をするために支出する費用のことをいいます。法人の場合は、損金の額に算入できる交際費は厳しく決められています。たとえば、中小法人等の場合では年間800万円

までの交際費と、交際費のうち接待飲食費の50％までのいずれか有利
な方を損金算入できるものとされています。

　個人事業主の交際費については、法人のような金額や数値に基づく
上限は設けられていません。では、個人事業主の交際費はどこまでも
経費とすることができるのでしょうか。

　所得税法上、必要経費に含めることができる金額は、総収入金額に
対応する売上原価や、その他総収入金額を獲得するために直接必要と
なった費用およびその年に発生した販売費、一般管理費、その他の業
務上の費用（償却費以外の費用については、12月31日現在で債務が確
定しているもの）と定められています。この定義に当てはまる交際費
であれば、金額の上限なく売上から控除することができます。ただし、
あくまで社会通念上に照らして、不当に高額にならない妥当な金額で
処理すべきであることに注意をしましょう。

　一方で、業務に必要であるとはいえない交際費を必要経費に含める
ことはできません。交際費が家事と事業の両方に関わる費用（家事関
連費）に該当する場合は、その費用が業務の遂行上必要であること、
その必要である部分を明らかに区分できることを立証できなければ、
必要経費に含めることはできません。

8 青色専従者給与、給料賃金のポイントをつかもう

経費帳の合計額と内訳表の合計額を一致させる

内訳表を作成する

　青色事業専従者給与、給料賃金は重要な科目ですので、青色申告決算書の２ページ目にある内訳表を作成しなければなりません。人数が少ない場合は別ですが、通常、帳簿の専従者給与や給料賃金といった科目について支給人別に記帳することはありませんので、青色申告決算書の内訳表は賃金台帳や源泉徴収簿から転記することになります。そして、内訳表の合計額が損益計算書のそれぞれの科目の金額と一致します。転記の手順としては、源泉徴収簿（次ページ）の「総支給金額」で給与と賞与の額を確認します。給与と賞与の額の合計金額を青色申告決算書の２ページ目の「給料賃金の内訳」「専従者給与の内訳」に転記します。次に源泉徴収税額は源泉徴収簿の㉒「年調年税額」から転記します。最後に合計額を計算します。

　なお、経費帳の「給料賃金」と「専従者給与」の年間合計を計算して、青色申告決算書の給料賃金の内訳の合計額と一致しているかどうかを確認します。

　本来、経費帳にも源泉徴収簿にも同額が記載されますので一致するはずですが、次のような場合には不一致になります。

・経費帳に記載したが源泉徴収簿の作成を忘れている場合（アルバイト・パートタイム労働者などの源泉徴収簿をうっかりして作成し忘れることはあります）。

・経費帳に源泉所得税差し引き後の金額で計上した場合（現金出納帳や預金出納帳に給与額などを記帳する場合、いったん全額を支払い、同時に源泉所得税を預かるという記帳の仕方をすべきです）。

■ 給料賃金の源泉徴収簿から決算書への転記 ……………………

甲欄／乙欄 所属 ○○ 職名 ○○ 住所 東京都○○区○○町○丁目○番○号 （整理番号 000-0000）氏名（フリガナ）○○○○

支給月日	総支給金額	社会保険料等の控除額	社会保険料等控除後の給与等の金額	扶養親族等の数	算出税額	年末調整による過不足税額	差引徴収税額
1/31	300,000		300,000		8,030		8,030
2/28	300,000		300,000		8,030		8,030
3/31	300,000		300,000		8,030		8,030
4/30	300,000		300,000		8,030		8,030
5/31	300,000		300,000		8,030		8,030
6/30	300,000		300,000		8,030		8,030
7/31	300,000		300,000		8,030		8,030
8/31	300,000		300,000		8,030		8,030
9/30	300,000		300,000		8,030		8,030
10/31	300,000		300,000		8,030		8,030
11/30	300,000		300,000		8,030		8,030
12/31	300,000		300,000		8,030	41,940	49,970
計①	360,0000				96,360		
賞与 7/10	600,000		600,000		36,000		36,000
12/10	600,000		600,000		36,000		36,000
計④	1,200,000				72,000		

区分	金額		
給料・手当等 ①	3,600,000		96,360
賞与 ②	1,200,000		72,000
計 ③	4,800,000		168,360
給与所得控除後の給与等の金額	3,300,000		
社会保険料等の控除額			
生命保険料の控除額	100,000		
配偶者特別控除額	380,000		
	760,000		
	1,240,000		
課税給与所得金額 ③−⑦	2,060,000		206,000
年調所得税額			206,000
年調年税額 ×102.1%			210,300
差引超過額又は不足額	不足額		41,940
本年最後の給与から徴収する税額に充当する金額			41,940

■ 令和 [0][1] 年分

氏名 ○○○○ FA0208

○月別売上（収入）金額及び仕入金額

月	売上（収入）金額	仕入金額
1	5,703,050	3,533,800
2	4,869,480	2,827,800
3	7,750,100	4,830,500
4	6,863,790	4,118,200
5	7,227,800	4,532,800
6	8,527,300	5,235,050
7	6,305,100	3,985,360
8	6,385,200	3,832,500
9	5,835,800	3,503,000
10	6,358,500	3,995,800
11	4,895,200	3,013,500
12	9,835,800	6,034,580
家事消費等	386500	
雑収入	735000	
計	81678620	49442890
うち軽減税率対象	うち	うち

○給料賃金の内訳

氏名	年齢	従事月数	給料賃金	賞与	合計	所得税及び復興特別所得税の源泉徴収税額
□□□□	35	12	3,600,000	1,200,000	4,800,000	210,300
その他（ 人分）						
計 延べ従事月数	1 2		3,600,000	1,200,000	4,800,000	210300

○専従者給与の内訳

氏名	続柄	年齢	従事月数	給料	賞与	合計	所得税及び復興特別所得税の源泉徴収税額
○○△△	妻	39	12	4,200,000	1,400,000	5,600,000	289,600
計 延べ従事月数		1 2		4,200,000	1,400,000	5,600,000	289600

○貸倒引当金繰入額の計算

	金額
個別評価による本年分繰入額 ①	
一括評価による本年分繰入額 ③	
繰入額 本年分繰入額（②+④）④	
本年分の貸倒引当金繰入額	

○青色申告特別控除額の計算

	金額
本年分の不動産所得の金額 ⑥	
青色申告特別控除前の所得金額 ⑦	9,495,279
65万円の青色申告特別控除を受ける場合 ⑧	
上記以外の場合 ⑨	
青色申告特別控除額	650,000

-2-

9 家事用支出と事業用支出を区分する

合理的な基準で区別する

家事用と事業用の区分（按分）計算

　支出した費用を必要経費として計上するためには事業との関連性がなければなりません。経費の支出をしたとしても、それが、まったくの家事用の支出であれば必要経費とすることはできません。また、家事用と事業用の費用を共通して支出している場合には合理的な基準で区分することが必要です。

　家事用経費と事業用経費を区分する場合の合理的な基準の例としては、下図のようになっています。

■ 経費の按分基準 ・・・

固定資産税	使用割合（面積比）
自動車税、重量税、取得税	使用割合
電気料	使用割合、点灯時間など
電話料	使用割合
修繕費	使用割合など
火災保険料	面積比など
車両保険料	使用割合など
ガソリン代など	使用割合
地代家賃	面積比など
減価償却費	使用割合、面積比など

共通経費の会計処理の方法

　共通経費の会計処理の方法は一般的に次の2つのいずれかの方法によります。

---

①　いったん全額を経費処理し、年末に合理的な基準により家事用と事業用を区分し、家事用を除外する方法

②　発生時には経費処理をせず年末に事業用部分を区分して追加計上する方法

　どちらの方法を採用してもよいのですが、②の方法で処理した場合は年末に経費計上することを忘れる危険性があります。そこで、事業用の預金通帳を開設し、電話料や電気代などの共通経費は開設した通帳から引き落すこととし、家事分を年末に除外する①の方法によって処理するほうがよいでしょう。その場合の会計処理は、必要経費を減らして同額を事業主貸勘定に振り替えます。

■ 家事用支出を必要経費に算入する基準 ･･････････････････････

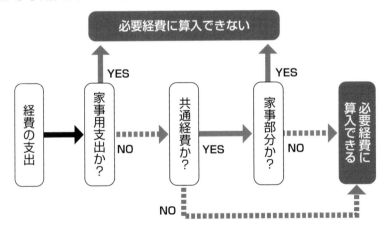

では、具体的な数字を使って仕訳の例を見てみましょう。

1年間で使用した通信費が、事業用と家事用をあわせて60万円であった場合を考えてみます。このうちの20%分が家事用として使用した通信費です。

①の方法による場合は、通信費が発生した時点でそのすべてをいったん経費に計上します。そのため、年末までには60万円の通信費が計上されていることになります。そして、年末に家事用の通信費（60万円×20%=12万円）を除外する仕訳を計上します。年末の仕訳は以下のようになります。

（借方）事業主貸　120,000　／　（貸方）通信費　120,000

また、簡易帳簿の経費帳の除外方法は下図のようにします。

続いて、②の方法によった場合の仕訳を見てみましょう。この方法を採用した場合は、年末まで通信費が計上されないことになります。そのため、年末において事業用の通信費を認識して、仕訳に計上します。事業用の通信費は、60万円×（100%−20%）=48万円です。年末に計上する仕訳は以下のようになります。

（借方）通信費　480,000　／　（貸方）事業主借　480,000

この場合は、前年度の決算修正仕訳を参照し、前年と同様の項目が追加計上されているかを確認し、計上もれのないように注意します。

■ 簡易帳簿上の通信費の除外例 ·····························

月　日	摘　要	金　額
	計	600,000
12/31	電話料20%を家事用として振替	△120,000
	合　計	480,000

※この480,000円が損益計算書の通信費に転記されることになる

Q 個人事業主がマイカーを仕事で使用した場合、ガソリン代や自動車保険などの費用はすべて経費になると考えてよいでしょうか。

A 自動車を使用すると、ガソリン代・自動車保険料・自動車税・車検代など、さまざまな費用がかかります。これらについて、事業の経費として計上できるかどうかは、その費用が事業にとって必要な支出であるかという点から判断することになります。

　個人事業主が、マイカーを複数台所有していて、そのうちの1台を仕事にのみ使用しているといった場合には、そのマイカーにかかる費用のすべてを経費にすることができます。一方、1台を事業にもプライベートにも使用している（兼用している）という場合には、その使用時間や使用頻度などから、事業に使用している割合（事業割合）の按分計算をする必要があります。

　事業割合の計算方法は、特に法律などで定められていないため、個人事業主の責任において事業の実態に見合うように計算をすることになります。また、税務署から聞かれたときに、計算の根拠を説明できるようにしておくことと、その証拠を残しておくことが重要です。具体的には、一定期間の運行記録をとり、「1か月の平均走行距離が1000km、事業で使用した際の平均走行距離が700km」という場合は、「事業割合を7割とする」という計算方法が一般的です。事業割合を計算すると、自動車を使用する上でかかった諸費用にその事業割合を掛けたものを経費として計上できます。

　ただし、いったん決めた按分計算をそのままずっと使い続けるだけではなく、現在においてもその按分計算が事業の実態に見合ったものであるのかも定期的に確認をしておき、必要に応じて按分方法を修正していくことも重要です。

10 固定資産台帳の記帳の仕方を知っておく

固定資産の管理方法を覚える

固定資産台帳とは何か

　固定資産は、売上（収益）獲得のために1年を超えた長期にわたり使用する資産です。固定資産には建物、機械装置、車輌運搬具、工具器具備品などがあります。

　固定資産は、取得時に一括して必要経費に算入することはできません。132ページで説明したように「減価償却」の手続きによって、あらかじめ定められた耐用年数に応じて分割した金額を毎年必要経費に計上します。

　固定資産は、取得した年だけでなく、その後の年の減価償却費の計算や除却または売却するまでの間継続して管理しなければなりません。そのため、通常は固定資産台帳に1件ごとの固定資産の「名称」「取得年月日」「取得価額」「耐用年数」「各年の減価償却費」「未償却残高」を記帳し、管理します。

　固定資産台帳の内容を青色申告決算書の3ページ目の「減価償却費の明細」に転記することになります。

固定資産の管理方法

　固定資産の管理方法について、①取得時の管理、②保有期間中の管理、③年末の管理の3つの段階に分けて確認しておきましょう。

①　取得時の管理

　固定資産は、購入を決定して性能や価格の比較検討をしてから実際の購入が実行されます。固定資産の管理は、取得したときから始まります。購入後、請求書や見積書などによって、まず、固定資産に計上

すべきか固定資産から除外できるものではないかを検討しましょう。

　たとえば、車両を購入した場合、自動車取得税や重量税などは固定資産とせず、取得時の必要経費に計上してもよいことになっています。自動車取得税や重量税などの費用は領収書だけでは判別不可能な場合もありますので、見積書なども参考にして判断することになります。

② 保有期間中の管理

　固定資産は、保有期間中は、いつでも使用できる状態に維持しておくことが大切です。また、そのために必要な修繕や保守をほどこしておくことが必要です。火災などのリスクに対処するため、適切な保険をかけることも必要です。

③ 年末の管理

　年末には、固定資産台帳をもとに固定資産一覧表を作成し、現物との照合を実施します。帳簿には載っているが現物がないものや、逆に現物はあるが帳簿に記載されていないものがないかを確認します。

　現物がない場合は、他の場所に異動したことも考えられますので、もう一度確認します。どうしても見あたらない場合や現物が実際は壊れており処分しなければならない場合は、その固定資産を帳簿上除却することになります。逆に帳簿に載っていない場合は、取得時の請求書などをもとに固定資産台帳を作成し、会計上の処理を現物に合致させなければなりません。

減価償却の方法

　減価償却の方法には、①毎期一定額の償却費を計上する「定額法」と、②未償却残高に一定率を乗じて償却費を計算する「定率法」があります（133ページ）。所得税法は原則として「定額法」を採用しています。なお、所得税法は法人税法とは異なり強制償却（償却可能額の範囲内で任意に償却額を決めることはできない）です。

■ 固定資産から青色申告決算書への転記 ‥‥‥‥‥‥‥‥‥

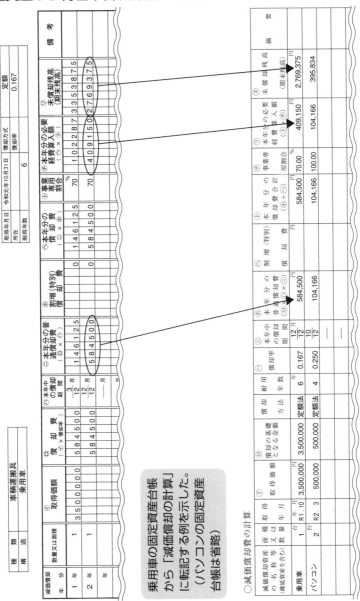

固定資産台帳

○減価償却費の計算

11 帳簿を締め切り集計する

簡易帳簿の場合には集計表を作成する

複式簿記では転記するだけ

　決算にあたって帳簿を締め切り、その金額（残高や取引高）を貸借対照表や損益計算書に転記すれば決算書は完成します。

　ただ、1回の計算で完全に仕上がるとは限りませんので、紙面で決算書を作成する場合には帳簿を締め切る前に、まず、青色申告決算書控えをコピーし下書きをするようにします。帳簿を締め切った後で誤りを発見した場合の修正は面倒なので、締切前の金額を転記します。

　次に「青色申告特別控除前の所得金額」が損益計算書、貸借対照表とも同一金額であることを確認します。所得金額が一致していれば、帳簿を締め切り、青色申告決算書の提出用と控用をそれぞれ作成します。

各種集計表を活用しよう

　複式簿記では、元帳の残高を転記するだけですが、簡易帳簿の場合は、元帳がありませんので、各種集計表を活用して金額を確定します。集計表は年末に一括して作成するより、月次で作成しておくことが大切です。

　売掛帳は、取引先ごとに記帳されていますので、「月別掛売集計表」に売掛帳の当月売上高、当月受入高、月末残高を転記します。次に、当月売上高、当月受入高、月末残高を合計します（縦横の計算をして計算ミスがないことを確認する）。

　買掛帳の集計の仕方も売掛帳の集計方法と同じです。

　その他の損益については、「月別総括集計表（兼決算準備表）」（次ページ）を月次で作成するとよいでしょう。

■ 月別総括集計表 ···

令和○○年　　　月 別 総 括 集 計 表

科　目		月　別		12　月	合　計	決算修正	総合計
		1　月	2　月				
売上	売上（現金）	251,600	560,250	386,820	4,856,800		4,856,800
	売上（掛け）	4,849,220	6,002,398	7,488,250	75,018,700	1,258,000	76,276,700
	自家消費	15,250	18,000	25,250	212,560	150,000	362,560
	その他の収入		4,200	6,920	182,560		182,560
	計（ロ）	5,116,070	6,584,848	7,907,240	80,270,620	1,408,000	81,678,620
売上原価	仕入（現金）		25,000	38,700	149,892		149,892
	仕入（掛け）	3,601,438	4,675,120	4,915,980	49,003,998	289,000	49,292,998
	外注加工費						
	計（月）	3,601,438	4,700,120	4,954,680	49,153,890	289,000	49,442,890
販売費および一般管理費	広告宣伝費	38,000	69,000	71,000	650,000		650,000
	荷造運賃						
	給料手当	200,000	200,000	200,000	4,000,000		4,000,000
	賞与			400,000	800,000		800,000
	福利厚生費	65,220	99,810	125,980	935,860		935,860
	保険料	20,000	20,000	20,000	253,800		253,800
	消耗品費	68,025	104,590	182,356	1,112,900	125,600	1,238,500
	旅費交通費	48,200	28,910	36,900	352,274		352,274
	租税公課		52,000	48,000	746,000	580,000	1,326,000
	接待交際費	38,469	49,925	89,720	682,300		682,300
	減価償却費	40,000	40,000	40,000	459,780		459,780
	通信費	91,250	109,840	118,620	957,967	21,000	978,967
	水道光熱費	85,250	115,680	102,580	1,433,910	25,890	1,459,800
	修繕費		84,000	10,500	185,000		185,000
	地代家賃	300,000	300,000	300,000	3,600,000		3,600,000
	雑費	10,000		18,050	53,850		53,850
	支払利息	54,250	51,200	48,900	600,000		600,000
	専従者給与	300,000	300,000	900,000	5,600,000		5,600,000
	計（ハ）	1,358,664	1,624,955	2,712,606	22,423,641	752,490	23,176,131
経費計（ニ＝（月）＋（ハ））		4,960,102	6,325,075	7,667,286	71,577,531	1,041,490	72,619,021

期首棚卸高					2,060,120	2,060,120
当期仕入高						49,442,890
期末棚卸高					2,495,800	2,495,800
当期製品製造原価						49,007,210
売上総利益	1,514,632	1,884,728	2,952,560	31,116,730	1,554,680	32,671,410
利益	155,968	259,773	239,954	8,693,089	802,190	9,495,279
青色申告控除後						8,845,279

決算準備表を作成する

科目内訳表を作成して残高を確認する

▌勘定科目の残高を確認する

　手書きで帳簿を作成し、決算を行う場合は、青色申告決算書の2、3ページに重要科目の内訳表がありますのでそれを有効に活用します。

　ただ、貸借対照表の明細表は用意されていませんので、科目内訳書を作成して残高を確認します。

▌科目内訳書の作成と内容の検証

　複式簿記の場合、総勘定元帳とは別に重要な科目についてその増減や残高を明細に把握するために補助簿を記入します。たとえば、①預金勘定の明細として預金出納帳、②売掛金勘定の明細として売掛帳、③買掛金勘定の明細として買掛帳などを作成します。

　補助簿は総勘定元帳と同じデータから作成しますので、通常は総勘定元帳と残高の合計が一致します。しかし、転記もれなどによって一致していない場合もあります。決算の際には、総勘定元帳と補助簿の整合性を確認しなければなりません。

■ 科目内訳書 ....

科目内訳書

科　目	明細／内容	金　額
普通預金	○○銀行△支店	100,000
〃	□□銀行▽支店	200,000
	合　計	300,000

まず、補助簿から科目内訳書を作成します。そして、関係する証拠資料と照合し、補助簿の記入の妥当性を検証します。代表的な証拠資料としては、下図のようなものがあります。

決算修正仕訳一覧表の作成

　決算修正仕訳はある程度定型化されています。また、仕訳もれを防ぐためにも次のような「決算修正一覧表」を作成しておくと毎年利用することができるため便利です。

■ 勘定科目の証拠資料 ………………………………………………

勘定科目	証拠資料
預金	預金通帳・証書、当座照合表、残高証明書
受取手形	手形現物、手形取立帳、手形割引計算書
売掛金	請求書控え、納品書控え
棚卸資産	棚卸表
支払手形	手形控え
買掛金	納品書、請求書
借入金	借入金明細書、返済予定表

■ 決算修正一覧表 ………………………………………………

内容	借方	貸方	金額
貸倒引当金の繰入	貸倒引当金繰入	貸倒引当金	－
貸倒引当金の戻入	貸倒引当金	貸倒引当金戻入	－
期首棚卸高の振替	期首棚卸高	商品	2,060,120
期末棚卸高の振替	商品	期末棚卸高	2,495,800
減価償却費の計上	減価償却費	建物	－
〃	減価償却費	車輌運搬具	522,900
〃	減価償却費	工事器具備品	93,750
家事分の振替	事業主貸		－

※決算書の数字をもとに金額欄を例示している

13 貸借対照表を作成する

借方の合計と貸方の合計は一致する

各種の帳簿から数字を転記する

貸借対照表は以下の手順で総勘定元帳から記入します。

手順1 期首の元入金を確定する

期首残高は、前年末の数字を転記します。事業主貸と事業主借は1月1日に元入金に振り替えますので、次の金額を期首の元入金とします。

期首元入金＝前年末元入金＋前年青色申告特別控除前の所得金額＋前年事業主借−前年事業主貸

手順2 期首棚卸高と期末棚卸高の金額を転記する

前年末の棚卸資産の金額は原則として、青色申告決算書の損益計算書（171ページ）の期首商品棚卸高に一致します。同様に、当年末の棚卸資産の金額は期末商品棚卸高に一致します。

手順3 その他の残高を転記する

建物、建物付属設備などの固定資産は、青色申告決算書3ページ目の「減価償却費の計算」の未償却残高に一致します。青色申告特別控除前の所得金額は決算書の損益計算書の所得金額と一致します。

期首の元入金の金額は年末の元入金の金額と同じ額になります。

また、次の帳簿などから残高を転記します。

① 現　金 … 現金出納帳
② 預　金 … 預金出納帳または通帳、証書
③ 売掛金 … 売掛帳
④ 買掛金 … 買掛帳
⑤ 借入金 … 借入金返済予定表など
⑥ 固定資産 … 固定資産台帳

「資産の部」と「負債・資本の部」の合計の一致を確認する

　各種帳簿から貸借対照表への転記が終了したら、①〜③の手順で金額の一致を確認します。

① 「資産の部」の合計金額を算出する

　「資産の部」の合計金額を計算します。

② 損益計算書の「青色申告特別控除前の所得金額」を転記する

　「負債・資本の部」の「青色申告特別控除前の所得金額」欄に転記します。

③ 負債・資本の部の合計金額を算出する

　貸借対照表の貸借は一致します。

貸借が一致しなかったらどうする

　帳簿が正確に記入されていれば、損益計算書と貸借対照表の「青色申告特別控除前の所得金額」は一致するはずですが、一致しない場合は帳簿の正確性を疑ってみるべきです。たとえば、現金出納帳には経費の出金として記帳しているにもかかわらず経費帳の記帳がもれているような場合もあります。

　特に簡易帳簿を複式簿記の補完として使用している場合においては、簡易帳簿自体に転記ミスを自動的に発見したり防止する機能はないため、帳簿の相互関連性（たとえば、現金出納帳の経費の出金は経費の支払として経費帳に記載されるはず）を一つひとつの取引ごとにチェックしなければなりません。一般に取引の少ない個人事業とはいえ、1年間まとめてチェックするのは時間がかかりすぎます。そのため、毎月月次の決算を行い、そのつど、一致していることを確認するようにします。また、月次決算を行えば、前月までの損益の状況など経営上有益な情報を入手することもできるのです。

■ 青色申告書の貸借対照表サンプル

貸借対照表（資産負債調）（令和元年12月31日現在）

資産の部 科目	1月1日（期首）	12月31日（期末）
現金	99,662	185,300
当座預金		
定期預金	1,000,000	1,500,000
その他の預金	17,050,380	21,456,820
受取手形		
売掛金	6,796,515	8,352,800
有価証券		
棚卸資産	2,060,120	2,495,800
前払金		
貸付金		
建物		
建物附属設備		
機械装置		
車両運搬具	3,369,275	2,846,375
工具器具備品		406,250
土地		
事業主貸		4,697,256
合計	30,375,952	41,940,601

負債・資本の部 科目	1月1日（期首）	12月31日（期末）
支払手形		
買掛金	4,063,210	6,034,580
借入金	20,000,000	20,000,000
未払金		
前受金		
預り金	287,000	385,000
貸倒引当金		
事業主借		
元入金	6,025,742	6,025,742
青色申告特別控除前の所得金額		9,495,279
合計	30,375,952	41,940,601

（注）「元入金」は、明首の資産の総額から「明首の負債の総額」を差し引いて計算します。

製造原価の計算（原価計算を行っていない人は、記入する必要はありません）

科目	金額
原材料費 期首原材料棚卸高 ①	
原材料仕入高 ②	
小計（①+②）③	
期末原材料棚卸高 ④	
差引原材料費（③-④）⑤	
労務費 賃金 ⑥	
外注工賃 ⑦	
その他の製造経費 電力費 ⑧	
水道光熱費 ⑨	
修繕費 ⑩	
減価償却費 ⑪	
⑫	
⑬	
⑭	
⑮	
⑯	
⑰	
⑱	
⑲	
⑳	
雑費 ㉑	
計	
総製造費（⑤+⑥+㉑）㉒	
期首半製品・仕掛品棚卸高 ㉓	
小計（㉒+㉓）㉔	
期末半製品・仕掛品棚卸高 ㉕	
製品製造原価（㉔-㉕）㉖	

（注）㉖欄の金額は、1ページの「損益計算書」の③欄へ転記してください。

● 65万円の青色申告特別控除を受ける人は、「貸借対照表」を記入することになっています。なお、この控除を受けるためには各種の要件が定められていますから、あらかじめ税務署におたずねください。

（令和元年分以降用）

第 5 章

領収書作成の基本と
管理の知識

領収書とはどのようなものなのか

領収書には証拠力がある

▌領収書は支払いがあったことを証明する書類である

　領収書とは、何らかの債務の弁済を証明するために、債務者に対して弁済の受領者が発行する書類のことです。身近なところでは、売買や金銭貸借（お金の貸し借り）などで金銭を受け取った際に発行します。支払う側から見れば、自分が支払ったことの証明ができ、受け取る側から見れば、領収書の控えを作成しておくことで自分が受け取ったことを証明できる。このようなはたらきを持つのが領収書です。

　また、金銭だけではなく書類や商品の受渡しなども債務に含まれますので、これらの弁済を受けたときに受領書等の名称で発行することもあります。

　つまり「領収書」という名称の書類だけではなく、取引明細書、受領書、領収等の文言の入った書面でも債務の弁済を受けたことが明確に記されていれば領収書としての法的な意味を持ちます。

　売買の際に、領収書を受け取っていれば、買い手にとっては、すでに代金の支払いは済んでいることを主張する明確な証拠になります。このとき、領収書を受け取っていなかったとすると、「払った」「まだもらってない」などの争いが起こったときに、支払いの証拠となるものがないため、二重に支払わなければならなくなるかもしれません。

　このように、領収書には債務の弁済の証拠として、二重払い防止のはたらきがあります。

　他にも領収書には、経理事務や税金申告の書類としてのはたらきもあります。つまり、経費処理などの申告の正しさを税務署へ証明するための証拠書類になります。

領収書を求められたら発行する義務がある

　領収書は必ず発行しなければならないというものではありませんが、債務者が領収書を求めたときには、発行しなければならない義務が発生します。民法486条に「弁済をする者は、弁済と引換えに、弁済を受領する者に対して受取証書の交付を請求することができる。」と規定されています。

　また、判例では、受領する予定の者が領収書を発行しないときは、債務者は弁済を拒否することができるとしています。これは、同時履行の抗弁権と呼ばれ、双方に債務のある契約で、弁済期にある債務を相手方が履行するまでは、自分の債務を履行しないと主張できる民法上の権利のことです。同時履行の抗弁権を行使した場合、履行遅滞（履行することが可能な状況にあるにもかかわらず、債務者が、定められた履行期に履行しないこと）の責任を負う必要がありませんので、契約解除や損害賠償（遅延利息の支払いなど）の責任も生じません。

領収書は弁済（受領）と引き換えに入手（発行）するべき

　領収書は、期日どおりに債務を弁済した証拠になるものですので、

■ 領収書の発行拒否と同時履行の抗弁 ……………………………………

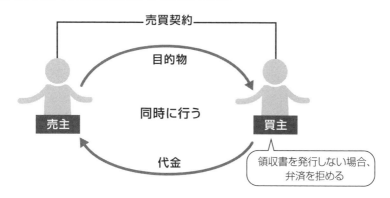

弁済と同時に領収書を発行する必要があります。領収書がないと、後でその日に弁済があったかどうかで争いが起こったときに証拠がありませんので、証明することが難しくなります。

　たとえば、借金の返済の場合で考えてみますと、領収書を発行するということは返済があったと認めたことになるわけです。

　返済がないにもかかわらず返済期日に領収書を発行したとすると、その日に返済があったと認めていますので、領収書を証拠に返済を拒まれたら他の手段で証明しなければなりません。また、返済期日後に、返済があったとしても、遅延利息の請求ができなくなります。

　逆に、期日どおりに返済しても領収書が後で発行されたとすると、その間の遅延利息を請求されても期日に返済したことを証明できなければ支払わなければならなくなります。

　このような争いを避けるためにも、前述した同時履行の抗弁権が認められており、領収書と引き換えでなければ、債務の弁済を拒むことができるとされています。

▎物品受領書も領収書である

　「領収書」は債務の弁済を証明するために発行されるものですから、債務の弁済がなされた場合にその弁済を受領した者が交付する書面はすべて領収書ということができます。

　したがって、金銭の支払いの場合だけでなく、売買による商品の受渡しや請負による商品の引渡しなど、契約の目的物を受領した事実を記載した「物品受領書」も「領収書」に含まれます。

　ただ、物品受領書は商品を受け取ったということを証明する文書でしかないので、受け取った商品が壊れていたような場合の責任とは関係ありません。つまり、物品受領書に署名、押印などをした後に受領物が壊れていることがわかったとしても、物品受領書に関わりなく責任を追及できます。

2 領収書を作成する際の注意点

決まりはないが、最低限書いておくべきことはある

作成上どんなことに注意したらよいのか

　法的に領収書に何を記載しなければならないかという規定はありません。しかし、領収書の性格を考えると、最低限、ⓐ領収書という名称、ⓑ金額、ⓒ日付、ⓓ発行者（受領権者）の氏名、押印、ⓔ宛名については書いておくべきでしょう。

　これらの事項により、「いつ、だれが、だれに対して、いくら支払った」という事が明確になり、その事実を証明することができます。但書は必ずしも必要ではありませんが、何の代金として受け取ったのかを明確にするために記載したほうがよいでしょう。また、領収書の用紙にも大きさや形状などの決まりはありません。支払いの相手が代理人の場合には、委任状などによって相手方の受領権限を確認する必要があります。受領権限がなければ、無権代理人（代理する権限がないにもかかわらず、代理人として行為をした者）への支払いとなり、原則として、本人に支払ったことにはなりません。

領収書は番号をつけて管理する

　領収書は金額、日付、発行者（受領権者）、宛名が記載されていれば、問題ありませんが、さらに領収書に番号をつけることで、経理上管理しやすくなります。また、連番で管理すれば税務調査のときに不正を疑われることもありません。

　宛名は、金銭を支払った相手の氏名、名称を記載します。株式会社であれば（株）ではなく、「○○株式会社」「株式会社○○」と省略せずに書きます。「上様」でも領収書としては問題ありませんが、紛失

したときに悪用されないためにも宛名をきちんと書くようにしたほうがよいでしょう。また、宛名が「上様」だと税務署に経費として認められない場合もあります。自分あてに書いてもらうときにも、きちんと会社名や個人名を書いてもらうようにしましょう。

第三者が債務を弁済した場合の宛名には2通りあります。

1つは、債務者の使者（本人の決定した意思表示を伝達する者）として第三者が弁済した場合で、宛名は債務者にします。

もう1つは、債務者のために第三者が弁済した場合（たとえば、保証人が債務者に代わって弁済をする場合など）で、宛名は第三者にします。この場合、第三者が債務を負担していますので、第三者が債務者へ求償することができるように、但書に債務者を記載して第三者として弁済したことを明確にしておく必要があります。

発行日ではなく受領した日付を書くこと

「領収書」という名称の書面だけではなく、金銭や商品などを受領したことが明確に記載されていれば、表題に関係なく受取証書としての効力を持ちます。表題がなくても記載内容に受領した事実が記されていれば、領収書となります。領収書以外にも一般的な表題として、領収証、受領書、勘定書、証明書、領収印つきの納品書、取引明細書、領収、振込通知書などがあります。

また、通常は受領と引き換えに領収書を発行しますので、領収書の日付と受領日は一致しますが、後日発行する場合などに領収書の日付と実際に受領した日が違っていたとしても、受領した事実はあるので受取証書としての効力に変わりはありません。

しかし、領収書の日付にはその日に債務の弁済があったことを証明するはたらきもありますので、日付が返済日より後になっていると履行遅滞となって遅延利息を請求されてしまいます。逆に返済日より前になっていると遅延利息の請求をすることができません。

また、領収書の日付が受領日と異なることを利用して、税金を逃れたりすると脱税になります。これらのことから、領収書の日付は発行日ではなく受領した日付を書かなければなりません。

記載のポイント

　領収書の金額の記載方法については法律に規定がありませんが、金額を容易に書き換えることができないように、ⓐ金額の頭部分に「金」または「￥」を用い、最後に「円」「也」や「※」「－」など用いる、ⓑ三桁ごとにコンマで区切るようにするとよいでしょう。また、本書のサンプル（201ページ）では算用数字で記載していますが、「壱、弐、参、拾」といった漢数字を用いる方法も改ざん防止のための有効な方法のひとつです。

　弁済する側は相手の受領権限を確認し、領収書にも明確に記載してもらう必要があります。

　受領権者つまり債務の弁済を受け取る側（領収書の発行者）の欄には、略称、通称などではなく正式な氏名、名称の記載が必要です。

　たとえば、個人の場合のペンネームや芸名などの通称ではなく、「○○○こと△△△△」などのように、特定できるように書いたほうがよいでしょう。また、代理人として受領する場合には、たとえば「△△△△△代理人○○○○」などの記載が必要です。

但書の記載には意味がある

　領収書の但書は、何に対する弁済なのかということを明確にする意味があります。

　たとえば経費として処理したときに、但書に商品名が書かれていれば、その商品を購入したということが明確になりますので、経理の管理の効率化にもつながり、税務調査が入ったときでも安心です。

　借金の返済の場合に、「元本の返済なのか」「利息の支払いなのか」

「何回目の支払いなのか」などを明確に記載しておけば、後々問題になった場合に、重要な証拠になります。このように但書を明確にしておけば、流用されたり悪用されたりする危険もなくなります。

▌営業に関するものについては印紙を貼付する

　金銭または有価証券の領収書は、印紙税法別表第一の第17号文書の「金銭または有価証券の受取書」にあたり、印紙税が課税されます。

　印紙税の納付は、作成した文書に印紙を貼り付けることで行います。

　印紙を貼らなければならない文書に印紙を貼らなかった場合は、領収書としての効力には影響ありませんが、必要な印紙税額の３倍の過怠税が徴収されます。また、消印（98ページ）をしなくても過怠税が課されますが、この場合は印紙税額と同額が徴収されます。

　債権と債務を相殺（相対立する２つの債権があるとき、これらの債権をお互いに対当額で消滅させること、たとえば、AがBに100万円の債権をもち、BがAに100万円の債権をもっている場合）して領収書を作成した場合、実際には金銭または有価証券の受領事実がないため、印紙税法上の受取書にあたりません。つまり、たとえ領収書という表題であっても、印紙を貼る必要がないということになります。しかし、相殺の事実が文書上明らかにわかるように記載しておかないと、印紙税法上の受取書であるとみなされることになります。

　一部の金額については相殺により消滅させ、残額を金銭で受領する場合には、その区分を明確にしておけば、実際に受領した金額についての印紙税を納めればよいことになります。

　なお、金銭または有価証券の受取書であっても、受取人にとって受け取った金銭などが営業に関しないものであれば非課税になります。つまり印紙を貼り付ける必要はありません。ここで、営業とは、利益を得ることを目的として、同じ行為を繰り返し（反復継続して）行うことをいいます。

税抜きで5万円未満なら印紙を貼らなくてもよい

　領収書に記載される金額が5万円以上の場合には、印紙を貼る必要があるわけですが、消費税の取扱いについて注意が必要です。たとえば、受領金額が税抜きで48,000円だとします。この場合、税込みだと52,800円となり、この金額を受領金額として記載すると印紙を貼る必要があります。しかし、消費税額等が明らかになる場合には、その消費税額等は印紙税の記載金額に含めないことになっています。つまり、

■ 領収書サンプル①（収入印紙の貼付が必要な場合）⋯⋯⋯⋯⋯

■ 領収書サンプル②（収入印紙の貼付が不要な場合）⋯⋯⋯⋯⋯

※記載金額は48,000円と扱われるため、金額欄の横に収入印紙を貼付しなくてよい
　（上図の領収書サンプル①と比較）

次のように記載することで印紙を貼る必要はなくなります。

「52,800円 但：うち消費税4,800円」

　この場合、領収書の記載金額は48,000円として扱われることになります。税抜き金額が５万円未満となるような場合には印紙代の節約にもなりますので、印紙を貼らなくてもすむように、受領金額と消費税額を分けて記載しましょう。

▌領収書の再発行はどんな場合になされるのか

　領収書をなくした場合、支払済みの証明をすることが難しくなるため後日争いの原因になるかもしれません。領収書を不正使用される恐れもあります。このようなことを避けるために、相手方に領収書の再発行や支払証明書などの発行を請求することになります。しかし、相手方には領収書の再発行に応じる義務はありませんし、再発行でも印紙代がかかりますので、再発行してもらえるかどうかは相手方しだいです。したがって、領収書をなくしてしまって再発行してもらいたい時には、相手方に誠実にお願いすることになります。収入印紙が必要な場合にはその費用を負担したり、相手方に念書を差し入れると、より誠実な対応になります。また、領収書を取得した者に不正利用される恐れがありますので、会社内でも経理部門に報告するとよいでしょう。領収書を発行する側にとっては、再発行の義務もありませんし、断ることも１つの手段です。しかし、お客様あっての商売ですので、状況によっては再発行に応じたほうがよい場合もあるでしょう。この場合、支払証明書を発行すれば足りますが、領収書を再発行する場合には、領収書に「再発行」という表示をいれ、日付は再発行する日とし、領収書を二重に発行したことにならないようにすべきです。「再発行」と記載しないと、お金を二重に受け取ったと見られることもありますし、経費の水増しなどの不正利用される恐れもあります。

3 領収書を受け取る場合に知っておきたいポイント

押印は欠かせない

どんな注意点があるのか

　領収書は、金銭を受け取った証拠として相手に渡すものであり、領収書を受け取る人から見た場合は金銭を支払った証拠となるものです。領収書は必ずしも必要なものではありませんが、お金を支払った人から「領収書を発行して欲しい」と言われたら、それに応じなければなりません。

　お金を支払って領収書を受け取る側からすると、領収書は経費を使って商品などを購入した証拠です。これは税務申告や税務調査のときに経費の資料として必要になります。領収書がなかったり領収書の内容に問題があったりする場合は、架空の領収書だと疑われたり、支払ったお金が経費として認められないことがあるので注意が必要です。

　実際に領収書を受け取る場合には、ⓐ日付、ⓑ宛名、ⓒ受領権者（発行者）、ⓓ金額、ⓔ但書の5点が明記されていることを確認してから受け取ることが大切です。もっとも、実務上は、宛名を「上様」にする、宛名・日付・但書を空欄にする、架空のものにするなど不備や不適切な記入がある領収書が多くやりとりされています。通常の領収書に多少の不備があっても問題となることは少ないのですが、厳密には無効になる場合やトラブルの元になることもありますので、正しく記入された領収書を受け取るようにするべきです。

　この他にも、場合によっては印紙・消印が必要な場合もあります。また、受領権者については署名・押印などのやり方について注意すべき点がいくつかあります。

署名・記名・押印の使い方しだいで信用力も違う

　領収書の受領権者（発行者）の欄にはお金を受け取った人（法人）の名前が書かれ、押印がされます。最も望ましいのは、領収書を発行するときに、発行する人がその場で署名と押印をすることです。

　しかし、記名も押印部分もすべて印刷している領収書もあります。実務上、署名・記名・押印の方法はいろいろあります。そこで問題となってくるのが、この部分がどのように書かれているかで領収書の信用力に差がつく場合があるということです。

　「署名」（サイン）は「記名＋押印」と同様の意味を持ちます。つまり「署名」があれば押印がなくても領収書は有効ということになります。しかし、日本では「押印」を使用する慣習が根強く、「署名」よりも「記名」（本人の手書き以外の方法で名前を記入）と「押印」が重視されます。実務上は、領収書にはあらかじめ記名部分が印刷されていて、支払いを受けるときに、押印のみを行って領収書を渡すケースが多く見られます。これは日本では押印が最終意思決定だと考えられていることを示しています。「署名＋押印」または「記名＋押印」という形式を備えていないものは慣習的に証拠能力が乏しいとされますので、記名押印部分がすべて印刷されているものなどはできるだけ受け取るべきではありません。取引金額が大きいときなどは、前述の形式が備わった領収書を発行してもらったほうが賢明です。

　領収書に使う印については、実印（個人の場合、市区町村に届け出て登録している印鑑のこと）はもちろん、実印以外のシャチハタ、認印、三文判や、あまり用いられることはありませんが拇印でもかまいません。ただし、ⓐ時間が経過しても印影（押された印の跡）がはっきり残るかどうか、ⓑ「記名＋押印」の場合は、印が本当に本人によって押されたということを証明する手段があるか、などの点に注意が必要です。そのため通常、本人しか持っていない実印による押印が最も確実な方法だといえます。

振込金受取書と領収書の違い

売上や仕入などの支払いを振込みで行うことは、直接現金を扱うよりも防犯の上で安全であり、効率的に事務を行うことができるなどの利便性からもよく利用されています。

振込みによる決済の場合、金融機関から発行される振込金受取書は、領収書の代わりになるのでしょうか。

振込金受取書は、金融機関が振込金を受領し振込先へ送金したという証明書なので、金銭授受の証拠としては領収書よりも強力だといえます。ただ、振込金受取書は決して領収書と同等のものではありません。発行者が受取人ではなく金融機関になるからです。また、日付、金額、受取人の記載がありますので金銭授受の証拠にはなりますが、何の対価であるかは記載されていません。

これらのことから、振込金受取書自体は領収書の代わりにはなりません。ただし、納品書や請求書、契約書など他の書類とあわせることで、領収書とほぼ同じ効果を持たせることができます。なお、振込みの場合であっても、領収書の発行を相手方に求めることができます。

インターネット取引などの場合、「振込金受取書をもって領収書に代える」などとして領収書を発行しない場合がありますが、しっかりと請求したほうがよいでしょう。

■ 領収書を受け取る場合に必ず確認する事項 ⋯⋯⋯⋯⋯⋯⋯⋯⋯⋯

日付	令和2年5月1日
宛名	川口産業株式会社
受領権者（発行者）	株式会社松山モーター
金額	¥500,000※
但書	但：自動車代金として

仮領収書について知っておこう

仮領収書でも印紙が必要になる

仮領収書とはどのようなはたらきをするのか

　仮領収書とは、正式な領収書を発行することができない場合、もしくは支払われた金額が全額の一部であった場合などに、仮に領収したことを証明するものです。支払われた金額が全額の一部であった場合は、後に残額が支払われれば正式な領収書を発行するということを前提にしています。領収書は、その形式については特に定めがないため、名刺の裏に「仮領収書」という表題をつけて金額を受領した事実を記載しても正式な領収書として成立します。つまり、受領の事実を証明する目的で作成されるので、仮領収書と領収書には効力の違いはないことになります。ただし、金額の一部払いについて仮領収書を発行した場合には、残額の支払いについて問題がでてきます。

　仮領収書も正式な領収書もその効力には違いはありません。しかし、もし仮領収書を受け取ることになった場合には、後になって受領についての争いやトラブルに発展することを避けるため、できるだけ早く正式な領収書の発行を受ける必要があります。税務調査対策としても仮領収書の多用は好ましくありません。したがって、できるだけ仮領収書は避け、正式な領収書を受け取ったほうがよいでしょう。

　なお、仮領収書であっても、領収書としての効力は正式な領収書と同じなので、支払った金額に応じて印紙を貼る必要があります。

預かり証とは

　「仮領収書」は、たとえ一部であっても確実に代金を支払ったことを証明するものです。これに対し「預かり証」は、後に返還が予定さ

れている金銭（預かり金）を受領したことを証明するものです。言い換えれば、一時的・条件つきでお金を受け取ったことを証明する書面ということです。「相手方との契約が成立する見込みの時にその手付金が支払われた」という場合には、「仮領収書」ではなく「預かり証」を交付します。契約が後日予定どおり締結された場合には、売主が「領収書」を相手方に交付し、先に交付した預かり証を返還してもらいます。契約が成立しなければ、相手に渡した預かり証と引き替えに預かっていた手付金を返還します。

　預かり証は、預かった物あるいは目的によって、印紙税の取扱いが異なってきます。敷金や取引保証金などを預かった場合には、「売上代金以外の金銭または有価証券の受取書」であるとされ、記載金額が５万円以上のものは１通につき200円の印紙を貼付することになっています。また寄託契約により受領するものであれば、印紙税法別表第一の14号文書とされ、１通または１冊につき200円となります。預かり証は、どの文書にあたるかの判断が難しいので、預かり証に印紙を貼るときには、専門家や税務署に相談したほうがよいでしょう。

■ 仮領収書の記載例 ··

5 領収書の保存について知っておこう

トラブル予防のために領収書はなくしてはいけない

領収書はどのように保存するのか

　領収書を保存しておくのにはいくつかの理由があります。まず、取引の証拠書類、税務調査の際の証拠書類として必要になります。また、二重支払いを防止する効果もあります。さらに、権利関係を証明するのにも役立ちます。

　領収書の保存方法としては、科目別（交際費、交通費、消耗品費などの別）に保存したり、月ごとに保存したりすることが考えられます。いずれの場合でも、ノートなどに貼付し、整理しておく必要があります（コピーをし損じた紙の裏側などを利用して貼付しておくと、その分節約にもなります）。領収書は日付順に貼付し、台紙の余白などに「各領収書の提出者（氏名など）」「各領収書についての詳細」「科目の別（科目別に貼付しない場合）」などを記載しておきます。領収書を貼付した台紙は、1枚ずつコピーをとり、後で別の領収書を貼付するなどの改ざんができないようにしておきます。

　もし、各領収書に該当する請求書がある場合には、これも一緒に貼付しておくと詳細がわかり、領収書の内容が明確になります。

　また感熱紙などに印刷された領収書は、印字された文字が消えやすい特徴があります。できる限りの印字の消失を防ぐために、感熱紙の場合は二つ折りにして印字部分を保護しておく必要があります。まとめたノートや台紙には担当者の確認印を押印し、最低一人に閲覧を求め、その人物の閲覧印を押すなどしておけば確実です。領収書を貼付したノートは段ボール箱などに一括保管し、箱には領収書であることの記載と、年度を記しておくと一目でわかります。

整理や保存をきちんとしないといけないのはなぜか

　領収書の整理や保存の方法は、実は具体的に定められているわけではありません。保管していればどのような形態でもよいのです。ただ、領収書は、経費の証明となる書類ですから、生活費など経費以外のものとは混同しないように注意しましょう。申告の計算を行う前であれば、経費のみをある程度分類した状態で保存しておくのが望ましいといえます。

　保存の方法についてですが、税理士事務所などに記帳を依頼すると、渡した領収書をきれいに台紙に貼り付け、１冊のファイルにしたものを返してもらえる場合があります。自分で処理する場合も同じようにファイルを作成する必要があるのかというと、実はその必要はありません。むしろそこまで丁寧にしなくてもよいといったほうがよいかもしれません。

　もし領収書を台紙に貼り付ける場合は、申告の計算を終えてから作成したほうがよい場合があります。台紙に貼り付けた状態では、集計に手間がかかってしまうからです。さらに、きれいに並べて体裁を整える必要も特にありません。なぜなら、申告の計算を終えた後は、もうその領収書を使うことはないからです。次に必要となるのは、税務調査が入ったときということになります。ですから、袋や箱などにまとめて保管しておけば十分というわけです。

　領収書の保存期限は、白色申告の場合５年です。青色申告の場合はもう少し長く、７年になります。年度ごとに箱や袋にまとめておき、表面に年度などを記入しておくと、期間が過ぎたものが判別できるので整理もしやすくなるといえます。

どのように整理するとよいのか

　申告の計算を行う前の、領収書の整理方法について見ていきます。枚数が少ない場合には、ひとまず一か所にまとめておくとよいでしょ

う。計算を行う段階で、ざっと科目ごとにクリップなどで分類します。科目の束ごとに電卓を叩くか、表計算ソフトや会計ソフトなどで集計をすれば、経費の内訳が容易に計算できます。枚数が多い場合には、領収書を受け取ったつど、科目ごとに分類しておくと、後で悩まなくて済むので負担が軽くなります。勘定科目ごとに袋に入れる方法でもよいですし、分類ポケットがついたファイルなどを利用しても便利です。会計ソフトを利用している場合には、毎月、または3か月ごとなど、定期的に入力を済ませておくと、さらに負担が軽減できます。

　現金払いの領収書の取扱いは注意が必要です。財布に入れっぱなしでどこのお金から支出したものかわからなくなってしまったり、カード払いと重複して計上してしまったりと、整理ができていないと、ミスを招いてしまいます。現金払いについては、支出のつど、小口現金帳などに記録するとよいでしょう。さらに、ざっくり1か月分の現金枠を決めておき、毎月定額の現金を引き出すなど、ルールを決めておくと、常に整理された状況が維持できます。銀行引落としやカード払いについては、記録が残るため管理がしやすいといえます。事業用の預金口座を設けておくと、生活費と混同することがなく、さらに管理がしやすくなります。

■ 領収書保存の目的 ……………………………………………………

取引の証拠書類　　　権利関係の証明

領収書の保存

二重払いの防止　　　税務調査への備え

Q レシートと領収書はどう違うのでしょうか。

A 一般的に手書きのものを領収書、レジなどで印字されたものをレシートと呼んでいるようです。領収書はお金を受け取ったことを証明できる書類ですので、レシートも領収書の一種だといえます。実際、ふだんの日常生活では、レシートが領収書の代わりに利用されています。レシートではなく領収書でなければ、経費として認めてもらえないと認識している事業主の人もよくいます。しかしこれは間違いです。レシートも領収書も支出した日や支出先、金額が記載されている点で共通です。そして領収書には宛名書きの欄に支払者の名前が記載されますが、レシートにはそのような記載はありません。この点では領収書のほうが支出の証明書としては、よりよいのかもしれません。

なお、多くの場合、レシートには宛名などの記載事項が記載されていませんが、これらの記載事項をすべて満たしていればレシートでも問題ありません。ただし、印紙が必要になるような金額の場合や、長期間保存しておくとレシートの印字が見えなくなるような場合には、領収書を発行してもらったほうがよいでしょう。

Q 1人分の食事のレシートは経費として落とせるのでしょうか。喫茶店で仕事をした場合はどうでしょうか。

A 仕事の打ち合わせなどで飲食店を利用した場合は、「会議費」など経費に落とすことができます。しかし、単に昼食や夕食を取る目的で利用した飲食店の支出は、仕事とは関係なく発生するものであるため、通常は経費にはなりません。

では、飲食店において一人で仕事をしていた場合はどうでしょうか。

実際に仕事をしていたのであれば、注文したコーヒーや軽食の代金も経費にすることができます。また、たとえば複数の得意先と約束がある場合、次の訪問までに空き時間が発生することがあります。遠方であればいったん事務所へ戻るというのは不自然です。そのようなケースでは、空き時間に入った喫茶店の飲み物代なども、経費に落とすことができます。ただし、出張による宿泊先での食事代を、経費で落とすことはできません。朝食込みの料金である場合には、そのまま宿泊費として落とすことができます。

Q 領収書がなくても経費にできる場合があるのでしょうか。経費として認められる場合について教えてください。

A 支出を証明する証拠資料が領収書です。そのため、いかに事業に関係した支出であっても、領収書等がない支出は証明できない支出ということになってしまい、経費として認められないのが原則です。しかし、領収書が出ない支出が存在することも事実です。たとえば取引先での慶事やご不幸があった場合の祝儀や不祝儀は、領収書を切ってもらうことなどありません。また電車などの公共交通機関を利用した場合も、いちいち領収書を駅の窓口などで発行してもらうことは現実的ではありません。このような場合の支出を一切、経費として認めないというのは、事業と関係のある支出を経費として認めることと相反します。

実際、領収書は税務申告に絶対に必要なものではありません。税法上も「レシートは認めない」など、領収書でなければいけないなどの決まりはありません。何を買ったのか明細が記されているレシートのほうがわかりやすく、お金の使い道が明確になるので、望ましいという考えもあります。不自然な領収書だと税務調査で疑われて、購入品や目的を細かくチェックされることもあります。

また、領収書の出ない交通費や結婚式の祝儀などは、社内の支払記録や、招待状などに祝儀の金額を記入したものでも大丈夫です。また、祝儀不祝儀の場合、それらの案内通知書のコピーを支出の根拠たる証明書として代用できます。案内通知書には実際に包んだ金額は当然記載されませんが、常識的に考えて妥当な範囲での支出であれば問題ありません。公共交通機関を利用した際の支出であっても、日付や経路、支出額と移動の目的を記載したフォームを自分で作成し、それを継続して運用していれば、そのフォーム自体が支出を証明する資料として代用できます。

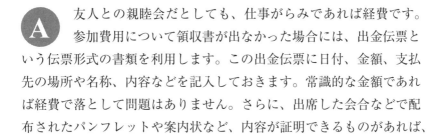

　友人との親睦会だとしても、仕事がらみであれば経費です。参加費用について領収書が出なかった場合には、出金伝票という伝票形式の書類を利用します。この出金伝票に日付、金額、支払先の場所や名称、内容などを記入しておきます。常識的な金額であれば経費で落として問題はありません。さらに、出席した会合などで配布されたパンフレットや案内状など、内容が証明できるものがあれば、添付しておくとよいでしょう。

　また、飲食代は各自割り勘でも、参加者の一人がまとめて会計してしまったという場合もあるかもしれません。この場合、レシートの金額は全員分の表示になってしまいますが、店側に依頼すれば、分割して領収書を発行してもらうこともできます。領収書がもらえる状況である場合には、積極的に発行してもらうようにしましょう。

　では、業界団体のパーティに出席した場合の参加費はどうなるでしょうか。こちらも仕事に関連して出席するものであるため、経費に落とすことができます。領収書をもらわないケースも多いかと思いま

すので、この場合も金額や支払先などを記入した出金伝票を忘れずに作成します。また、招待状など出席や金額の証明となるものを添付するようにしましょう。

Q 取引先と打ち合わせをした喫茶店で領収書を請求したら、金額が空欄の領収書をもらいました。ここに実際の金額とは違う架空の金額を書くとどうなるのでしょうか。

A 今回の喫茶店のように、領収書を発行する際にうっかり領収金額を記入し忘れてしまうことも、全くないとは限りません。領収書を発行してもらう際に、こちらも気をつけておくのが第一ですが、一緒にいる取引先を待たすわけにもいかず、急いでいたがために見落とすこともあるでしょう。しかしもらった領収書に金額を記入することは刑法における文書偽造です。ましてや実際に支払った金額と相違する金額を記入したとなればなおさらです。なじみの店などで、あえて金額欄が空欄の領収書を発行してくる、もしくは発行してもらうケースがあっても、これは悪意があるとみなされ領収書を発行した側も受領した側も重い刑事罰を課されるでしょう。もし悪意はないものの、発行してもらった領収書に金額が記入されていない場合は、自分で記入せず、空欄のままで保管し、実際に支払った金額どおりに伝票を起票し、経理処理をしましょう。仮に税務調査において調査官が目をつけたとしても、正しい金額で帳簿処理していれば何も問題ありません。受領した際に金額が空欄であったことを伝えてください。税務署は納得できなければ反面調査として、領収書を発行した側を調査し、売上処理もチェックするでしょう。そうすればあなたが正しい処理をしている裏付けもとれるのです。

第6章

事業所の移転・廃業の
手続きと書式

1 事務所を移転する場合と届出

移転前の税務署に届出書を提出する必要がある

どんな書類を提出する必要があるのか

　個人事業主が事務所を移転する場合に必要になる届出について見ていきましょう。

書式　所得税の納税地の異動に関する届出書／個人事業の開業届出書

　本書では、個人事務所「オフィスHANA」を世田谷区から渋谷区へ移転したという設定で届出が必要な書類を見ていきましょう。

　個人事業主が、所得税の納税地としている事務所や住まいを引っ越した場合には、移転前の住所の所轄税務署に対し、「所得税・消費税の納税地の異動に関する届出書」を、移転後に「遅滞なく」提出しなければなりません。この届出書は、所得税と消費税の両方を兼ねた様式となっていますので、届け出る税目以外の不要な税目は削除して提出します。提出方法は持参または送付でも可能となっており、持参の場合は本人確認書類の提示、送付の場合は本人確認書類の写しを添付する必要があります。なお、振替納税を利用している場合を除き、移転後の住所の所轄税務署に対する届出は不要です。

　また、事務所を移転しても納税地が変わらない場合は、「所得税・消費税の納税地の異動に関する届出書」を提出する必要はありません。ただし、確定申告書類の届け先等が変わるため、「個人事業の開業・廃業等届出書」によって住所変更の旨を届け出る必要があります。「届出の区分」を「事務所・事業所の移転」とし（チェックを入れる）、所轄税務署に提出しましょう。

書式　給与支払事務所等の変更届出書

　従業員を雇っており、「給与支払事務所等の開設届出書」を提出し

ている場合には、事務所を移転した日から1か月以内に、管轄の税務署宛に提出します。

書式　事業開始等申告書

　個人で事業を営む場合、事業所等のある都道府県から、個人事業税が課税されます。したがって事務所を移転した場合、都道府県税事務所にも届出を行う必要があります。「オフィスHANA」の場合、所轄の都税事務所に対して、移転から10日以内に「事業開始等申告書（個人事業税）」を提出します。添付書類は特に必要ありません。

　また、たとえば都内から他県へ移転する場合には、都税事務所には「事業所の廃止」、移転先の県税事務所には「事業所の開始」として届け出ます。

　地方自治体へ提出する書類については、提出期限や申請書の様式が自治体により異なります。予め所轄の都道府県税事務所などへ確認しておくようにしましょう。

青色申告の場合はどうなる

　移転前の税務署から青色申告の承認を受けている場合ですが、移転により青色申告に関する特別な手続きを行う必要はありません。「青色申告承認申請書」を一度提出しているのであれば、「青色申告の取りやめ届出書」を提出しない限り、移転後の所轄税務署においても、引き続き青色申告者ということになります。青色申告者には、所得の特別控除や青色事業専従者給与の経費算入、損失の繰り越しなどの特典があり、納税者に有利な制度だといえます。

		1	0	6	0

税務署受付印

○●所得税・○消費税の納税地の異動に関する届出書
【転居等により納税地に異動があった場合】

世田谷 税務署長

2 年 10 月 6 日提出

納税地	□住所地・□居所地・✓事業所等(該当するものを選択してください。) (〒　　－　　) 東京都渋谷区×××○－○－○ (TEL 03 -0000-0000)
上記以外の ⊘住所地 事業所等	納税地以外に住所地・事業所等がある場合は記載します。 (〒　　－　　) 東京都武蔵野市×××○－○－○ (TEL 042 -0000-0000)
フリガナ 氏　名	キムラ　ハナコ 木村 花子 ㊞	生年 月日	○大正 ○昭和 55 年 3 月25日生 ○平成 ○令和
個人番号	×｜×｜×｜×｜×｜×｜×｜×｜×｜×｜×｜×
職　業	フラワーデザイナー	屋号	フリガナ　オフィス　ハナ オフィス HANA

納税地を次のとおり異動したので届けます。

1 異動年月日　　令和 **2** 年 **10** 月 **1** 日

2 納　税　地

(1) 異動前の納税地　東京都世田谷区×××○－○－○

(2) 異動後の納税地　東京都渋谷区×××○－○－○

3 事業所等の所在地及び事業内容

屋号等 **オフィスHANA** 所在地 **東京都渋谷区×××○－○－○** 事業内容 **フラワーアレンジメント販売**

屋号等＿＿＿＿＿＿＿＿＿ 所在地＿＿＿＿＿＿＿＿＿ 事業内容＿＿＿＿＿＿＿＿＿

4 その他参考事項

※ 振替納税をご利用の方は、裏面の留意事項をお読みください。

関与税理士 (TEL　－　　－　　)	税務署整理欄	整理番号		関係部門 連絡	A	B	C	番号確認	身元確認
		0							□ 済 □ 未済
					確認書類 個人番号カード/通知カード・運転免許証 その他 (　　　)				

書式　個人事業の開業届出書（移転後）

税務署受付印　　　　　　　　　　　　　　　　　　　　　　　　　　　　　　　　　　　1 0 4 0

個人事業の開業・廃業等届出書

納 税 地	○住所地・○居所地・●事業所等（該当するものを選択してください。） （〒150 － ××××） **東京都渋谷区×××○－○－○** （TEL　03 － ×××× － ××××）
上記以外の 住 所 地 事 業 所 等	納税地以外に住所地・事業所等がある場合は記載します。 （〒180 － ××××） **東京都武蔵野市×××○－○－○** （TEL 042 － ×××× － ××××）

渋谷 税務署長

2 年 10 月 6 日提出

フ リ ガ ナ	キムラ　　ハナコ	生年月日	○大正 ●昭和 ○平成　55年 3 月25日生 ○令和
氏 名	**木村　花子** ㊞		
個 人 番 号	×｜×｜×｜×｜×｜×｜×｜×｜×｜×｜×｜×		
職 業	フラワーデザイナー	屋号 フリガナ オフィス　ハナ **オフィス HANA**	

個人事業の開廃業等について次のとおり届けます。

届 出 の 区 分	●開業（事業の引継ぎを受けた場合は、受けた先の住所・ 氏名を記載します。） 　　住所 ＿＿＿＿＿＿＿＿＿＿＿＿＿＿＿＿＿＿ 氏名 ＿＿＿＿＿＿＿＿＿＿ 　　事務所・事業所の（○新設・○増設・●移転・○廃止） ○廃業（事由） 　　（事業の引継ぎ（譲渡）による場合は、引き継いだ（譲渡した）先の住所・氏名を記載します。） 　　　住所 ＿＿＿＿＿＿＿＿＿＿＿＿＿＿＿＿ 氏名 ＿＿＿＿＿＿＿＿＿＿
所 得 の 種 類	○不動産所得・○山林所得・●事業（農業）所得〔廃業の場合……○全部・○一部（　　　　　　）〕
開業・廃業等日	開業や廃業、事務所・事業所の新増設等のあった日　令和 2 年 10 月 1 日
事 業 所 等 を 新増設、移転、 廃止した場合	新増設、移転後の所在地　　　　　　　　　　　　　　　　（電話） 移転・廃止前の所在地
廃業の事由が法 人の設立に伴う ものである場合	設立法人名　　　　　　　　　　　代表者名 法人納税地　　　　　　　　　　　　　　　　設立登記　　　　年　　月　　日
開業・廃業に伴 う届出書の提出 の有無	「青色申告承認申請書」又は「青色申告の取りやめ届出書」　　　　●有・○無 消費税に関する「課税事業者選択届出書」又は「事業廃止届出書」　●有・○無
事 業 の 概 要 できるだけ具体 的に記載します。	**フラワーアレンジメント製作・生花販売等**

給 与 等 の 支 払 の 状 況	区 分	従事員数	給与の定め方	税額の有無	そ の 他 参 考 事 項
	専 従 者	人		○有・○無	
	使 用 人	4	月給	○有・○無	
				○有・○無	
	計	4			
	源泉所得税の納期の特例の承認に関する申請書の 提出の有無	○有・○無	給与支払を開始する年月日	年　　月　　日	

関与税理士 　　　　　（TEL　　－　　－　　）	税務署整理欄	整 理 番 号		関係部門 連絡	A	B	C	番号確認	身元確認
		0							□ 済 □ 未済
		源泉用紙 交 付	通信日付印の年月日 　年　月　日	確認印	確認書類 個人番号カード／通知カード・運転免許証 その他（　　　　　　）				

※整理番号

給与支払事務所等の ~~開設~~・移転・~~廃止~~ 届出書

税務署受付印	事務所開設者	住所又は本店所在地
		〒 150-XXXX 東京都渋谷区×××○−○−○ 電話（ 03 ）XXXX − XXXX
令和 2 年 10月 6日		（フリガナ）オフィス　ハナ
		氏名又は名称　**オフィス HANA**
渋谷 税務署長殿		個人番号又は法人番号　×|×|×|×|×|×|×|×|×|×|×|×|×
所得税法第230条の規定により次のとおり届け出ます。		（フリガナ）キムラ　ハナコ
		代表者氏名　**木村　花子**　㊞

個人番号の記載に当たっては、左端を空欄とし、ここから記載してください。

（注）　「住所又は本店所在地」欄については、個人の方については申告所得税の納税地、法人については本店所在地（外国法人の場合には国外の本店所在地）を記載してください。

開設・移転・廃止年月日	平成・~~令和~~ 2 年 10 月 1 日	給与支払を開始する年月日	平成・令和　　年　　月　　日

○届出の内容及び理由
（該当する事項のチェック欄□に✓印を付してください。）

「給与支払事務所等について」欄の記載事項

		開設・異動前	異動後
開設	□ 開業又は法人の設立		
	□ 上記以外 ※本店所在地等とは別の所在地に支店等を開設した場合	開設した支店等の所在地	
移転	✓ 所在地の移転	移転前の所在地	移転後の所在地
	□ 既存の給与支払事務所等への引継ぎ （理由）□ 法人の合併　□ 法人の分割　□ 支店等の閉鎖 □ その他 （　　　　　　　　　　　　　　　）	引継ぎをする前の給与支払事務所等	引継先の給与支払事務所等
廃止	□ 廃業又は清算結了　□ 休業		
その他（　　　　　　　　　　　　　）		異動前の事項	異動後の事項

○給与支払事務所等について

	開設・異動前	異動後
（フリガナ）		
氏名又は名称		
住所又は所在地	〒 東京都世田谷区×××○−○−○ 電話（ 03 ）○○○○ − ○○○○	〒 東京都渋谷区×××○−○−○ 電話（ 03 ）○○○○ − ○○○○
（フリガナ）		
責任者氏名		

従事員数	役員　　人	従業員　　人	(アルバイト) 4 人	（　）　　人	（　）　　人	計 4 人

（その他参考事項）

税理士署名押印	㊞

※税務署処理欄	部門	決算期	業種番号	入力	名簿等	用紙交付	通信日付印	年 月 日	確認印
	番号確認　身元確認 □ 済 □ 未済	確認書類 個人番号カード／通知カード・運転免許証 その他（　　　）							

01.06 改正

書式　事業開始等申告書（移転後）

第32号様式（甲）（条例第26条関係）

（受付印）　　　　　　　事業開始等申告書（個人事業税）

		新（変更後）	旧（変更前）
事務所（事業所）	所 在 地	東京都渋谷区 ×××○－○－○ 電話　03（0000）0000	東京都世田谷区 ×××○－○－○ 電話　03（0000）0000
	名称・屋号	オフィス HANA	オフィス HANA
	事業の種類	フラワーアレンジメント販売	フラワーアレンジメント販売

事業主住所が事務所（事業所）所在地と同じ場合は、下欄に「同上」と記載する。
なお、異なる場合で、事務所（事業所）所在地を所得税の納税地とする旨の書類を税務署長に提出する場合は、事務所（事業所）所在地欄に○印を付する。

事業主	住　　所	東京都武蔵野市 ×××○－○－○ 電話　042（0000）0000	東京都武蔵野市 ×××○－○－○ 電話　042（0000）0000
	フリガナ	キムラ　　ハナコ	キムラ　　ハナコ
	氏　　名	木 村 花 子	木 村 花 子

開始・廃止・変更等の年月日	令和2年 10 月 1 日	事由等	開始・廃止・※法人設立 （その他　住所変更　）

※法人設立	所 在 地		法人名称	
	法人設立年月日	年　　月　　日（既設・予定）	電話番号	

東京都都税条例第26条の規定に基づき、上記のとおり申告します。

令和2 年10月 6 日

氏名　**木村 花子** ㊞

渋谷　都税事務所長
　　　支 庁 長　殿

（日本工業規格A列4番）

備考　この様式は、個人の事業税の納税義務者が条例第26条に規定する申告をする場合に用いること。

（都・個）

個人事業主の廃業の手続き について知っておこう

法人の廃業時に比べて煩雑ではない

▌どのような届けをしないといけないのか

　個人事業主が廃業する場合には、以下の各種の届出書を提出します。これらの書類には添付書類は特に必要ありません。提出期限については以下のようにそれぞれ異なりますので注意が必要です。なお、書式の掲載はありませんが、所在地の管轄の都道府県や市町村にも届出を行う必要があります。たとえば東京都の場合、廃止した日から10日以内に「事業開始等届出書」を管轄の都税事務所へ提出します。地方自治体により様式や提出期限、提出方法は異なる場合があります。都道府県や市役所へ問い合わせて確認するとよいでしょう。

書式　個人事業の廃業届出書

　事業を廃止した事実のあった日から１か月以内に、管轄の税務署へ提出します。事業を譲渡した場合は、相手先の住所・氏名も記入します。

書式　所得税の青色申告の取りやめ届出書

　青色申告を行っていた場合には、「青色申告の取りやめ届出書」を提出します。取りやめようとする年の翌年３月15日までに、管轄の税務署へ提出します。確定申告書の提出期限と同じですから、廃業年度の確定申告書と一緒に提出するとよいでしょう。

書式　給与支払事務所等の廃止届出書

　従業員を雇っており、「給与支払事務所等の開設届出書」を提出している場合には、廃業した日から１か月以内に、管轄の税務署宛に提出します。廃業した日を記入します。

書式　（消費税についての）事業廃止届出書

　課税事業者が事業を廃止した場合、管轄の税務署に提出します。提

出期限は「事由が生じた場合速やかに」となっています。事業を廃止した年月日を記入します。なお、「消費税課税事業者選択不適用届出書」「消費税課税期間特例選択不適用届出書」「消費税簡易課税制度選択不適用届出書」「任意の中間申告書を提出することの取りやめ届出書」などの届出に、廃業する旨を記載して提出している場合には、この届出書を提出する必要はありません。

■ 確定申告や事業税の見込み控除、廃業後の弁済義務について

　個人事業主は毎年1月から12月までを1つの事業年度として確定申告しなければなりませんが、廃業した事業年度についても同様です。申告する内容も通常の確定申告と同様です。ただし、廃業はしたものの債務の弁済等の清算が12月までに完了せず、翌年にも経費が発生してしまうことがあります。その場合であっても、12月までの時点でいったん確定申告をします。そして翌年に清算が完了し、発生経費が確定した時点で、確定申告をやり直します。これを更正の請求といい、更正の請求によって廃業した事業年度の確定申告時に払い過ぎていた税金分を還付してもらうことになります。

　個人事業税については翌年の経費として処理するため、廃業した事業年度に対する事業税も翌年に納付します。しかし、廃業した翌年にはこの事業税を差し引くべき収入が生じないため、見込み控除というしくみを使って、廃業した事業年度の経費として収入から差し引きます。

　個人事業主は廃業をした後も、債務に未払部分があれば、個人としてその弁済義務を負い続けます。事業が立ち行かなくなってしまうまでには、個人が事業主貸という形で事業資金を捻出していることもあるでしょうし、廃業後に個人として債務を弁済する余力はないかもしれません。そうなってしまうと、自己破産を申請するしか手立てが残らなくなってしまうので、やむを得ず廃業するにしても、ある程度計画性を持って廃業手続きを進めるべきでしょう。

書式　個人事業の廃業届出書

| | | | 1 | 0 | 4 | 0 |

個人事業の開業・廃業等届出書

税務署受付印

渋谷 税務署長

2 年 11 月 6 日提出

納 税 地	○住所地・○居所地・◉事業所等(該当するものを選択してください。) (〒150 - ××××) **東京都渋谷区×××○-○-○** (TEL　03-xxxx-xxxx)
上記以外の 住所地・ 事業所等	納税地以外に住所地・事業所等がある場合は記載します。 (〒180 - ××××) **東京都武蔵野市×××○-○-○** (TEL 042-xxxx-xxxx)
フリガナ 氏　名	キムラ　　ハナコ **木村　花子**㊞	生年月日	○大正 ◉昭和 ○平成 60年 3月25日生 ○令和
個 人 番 号	×｜×｜×｜×｜×｜×｜×｜×｜×｜×｜×｜×
職　業	フラワーデザイナー	フリガナ 屋　号	オフィス　ハナ **オフィス HANA**

個人事業の開廃業等について次のとおり届けます。

届 出 の 区 分	○開業 (事業の引継ぎを受けた場合は、受けた先の住所・氏名を記載します。) 住所　　　　　　　　　　　　　　　　　　　氏名 事務所・事業所の(○新設・○増設・○移転・○廃止) ◉廃業 (事由) **自己都合による自主廃業** (事業の引継ぎ (譲渡) による場合は、引き継いだ (譲渡した) 先の住所・氏名を記載します。) 住所　　　　　　　　　　　　　　　　　　　氏名
所 得 の 種 類	○不動産所得・○山林所得・◉事業(農業)所得〔廃業の場合……◉全部・○一部 (　　　　)〕
開業・廃業等日	開業や廃業、事務所・事業所の新増設等のあった日　令和 2 年 10 月 31 日
事業所等を 新増設、移転、 廃止した場合	新増設、移転後の所在地　　　　　　　　　　　　　　　(電話) 移転・廃止前の所在地
廃業の事由が法 人の設立に伴う ものである場合	設立法人名　　　　　　　　　　　代表者名 法人納税地　　　　　　　　　　　　　　設立登記　　年　月　日
開業・廃業に伴 う届出書の提出 の有無	「青色申告承認申請書」又は「青色申告の取りやめ届出書」　　　◉有・○無 消費税に関する「課税事業者選択届出書」又は「事業廃止届出書」　◉有・○無
事業の概要 〔できるだけ具体 的に記載します。〕	**フラワーアレンジメント製作・生花販売等**

給与等の支払の状況	区　分	従業員数	給与の定め方	税額の有無	その他参考事項
	専従者	人		○有・○無	
	使用人	4	月給	◉有・○無	
	計	4		○有・○無	
源泉所得税の納期の特例の承認に関する申請書の提出の有無		○有・○無	給与支払を開始する年月日		年　月　日

関与税理士

(TEL　－　－　)

税務署整理欄	整理番号		関係部門連絡	A	B	C	番号確認	身元確認
	0							□済 □未済
	源泉用紙交付	通信日付印の年月日		確認印	確認書類 個人番号カード／通知カード・運転免許証 その他 (			)
		年　月　日						

224

書式　所得税の青色申告の取りやめ届出書

| | | 1 | 1 | 1 | 0 |

税務署受付印

所得税の青色申告の取りやめ届出書

渋谷 税務署長

2 年 11 月 6 日提出

納 税 地	○住所地・○居所地・●事業所等(該当するものを選択してください。) (〒150－××××) 東京都渋谷区×××○－○－○ (TEL 03－××××－××××)
上記以外の 住 所 地 事 業 所 等	納税地以外に住所地・事業所等がある場合は記載します。 (〒180－××××) 東京都武蔵野市×××○－○－○ (TEL 042－××××－××××)
フリガナ 氏　　名	キムラ　　ハナコ 木村　花子 ㊞
生年月日	○大正 ●昭和 ○平成 ○令和 60 年 3 月 25 日生
職　　業	フラワーデザイナー
フリガナ 屋　号	オフィス　ハナ オフィス HANA

令和 3 年分の所得税から、青色申告書による申告を取りやめることとしたので届けます。

1　青色申告書提出の承認を受けていた年分

平成 23 年分から 令和 2 年分まで

2　青色申告書を取りやめようとする理由（できるだけ詳しく記載します。）

　　令和2年10月31日に自己都合により事業を廃止したため。

3　その他参考事項

関与税理士 (TEL － －)	税務署整理欄	整 理 番 号	関係部門連絡	A	B	C
		0				
		通 信 日 付 印 の 年 月 日	確 認 印			
		年　月　日				

書式　給与支払事務所等の廃止届出書

| | | ※整理番号 | |

給与支払事務所等の ~~開設~~・~~移転~~・(廃止)届出書

事務所開設者	住所又は本店所在地	〒150-XXXX 東京都渋谷区×××○－○－○ 電話（ 03 ）XXXX － XXXX
	（フリガナ）	オフィス　ハナ
	氏名又は名称	**オフィス HANA**
	個人番号又は法人番号	↓個人番号の記載に当たっては、左端を空欄とし、ここから記載してください。 ×｜×｜×｜×｜×｜×｜×｜×｜×｜×｜×｜×｜×
	（フリガナ）	キムラ　ハナコ
	代表者氏名	**木村　花子** ㊞

令和 2 年11月 6 日

渋谷 税務署長殿

所得税法第230条の規定により次の
とおり届け出ます。

(注)　「住所又は本店所在地」欄については、個人の方については申告所得税の納税地、法人については本店所在地（外国法人の場合には国外の本店所在地）を記載してください。

| 開設・移転・廃止年月日 | 平成・(令和) 2 年 10 月 31 日 | 給与支払を開始する年月日 | 平成・令和　　　年　　　月　　　日 |

○届出の内容及び理由
（該当する事項のチェック欄□に✔印を付してください。）

「給与支払事務所等について」欄の記載事項

	開設・異動前	異動後

開設	□ 開業又は法人の設立 □ 上記以外 ※本店所在地等とは別の所在地に支店等を開設した場合	開設した支店等の所在地
移転	□ 所在地の移転	移転前の所在地／移転後の所在地
	□ 既存の給与支払事務所等への引継ぎ （理由）□ 法人の合併　□ 法人の分割　□ 支店等の閉鎖 　　　　□ その他（　　　　　　　）	引継ぎをする前の給与支払事務所等／引継先の給与支払事務所等
廃止	✔ 廃業又は清算結了　□ 休業	
その他（　　　　　　　　　　）		異動前の事項／異動後の事項

○給与支払事務所等について

	開設・異動前	異動後
（フリガナ） 氏名又は名称		
住所又は所在地	〒 電話（　　　）　　－	〒 電話（　　　）　　－
（フリガナ） 責任者氏名		

| 従業員数 | 役員　　　人 | 従業員　　　人 | (アルバイト) 4 人 | （　）　　人 | （　）　　人 | 計 4 人 |

（その他参考事項）

| 税 理 士 署 名 押 印 | ㊞ |

※税務署処理欄	部門	決算期	業種番号	入力	名簿等	用紙交付	通信日付印	年月日	確認印
	番号確認　身元確認 　　　　　□ 済 　　　　　□ 未済	確認書類 個人番号カード／通知カード・運転免許証 その他（　　　　　　　）							

01.06 改正

第6号様式

事 業 廃 止 届 出 書

収受印

令和 2 年11月6日	届出者	（フリガナ）	トウキョウトシブヤクXXXXX
		納 税 地	（〒 150-XXXX） 東京都渋谷区XXX○-○-○ （電話番号　03-XXXX-XXXX）
		（フリガナ）	オフィス　ハナ　　キムラ　ハナコ
渋谷 税務署長殿		氏 名 又 は 名 称 及 び 代 表 者 氏 名	オフィス HANA 　　　木村　花子　　㊞
		個 人 番 号 又 は 法 人 番 号	↓ 個人番号の記載に当たっては、左端を空欄とし、ここから記載してください。 ╳╳╳╳╳╳╳╳╳╳╳╳

下記のとおり、事業を廃止したので、消費税法第57条第1項第3号の規定により届出します。

事 業 廃 止 年 月 日	平成 ⦅令和⦆ 2 年 10 月 31 日
納 税 義 務 者 と な っ た 年 月 日	平成 ⦅令和⦆ 28 年 1 月 1 日
参 考 事 項	
税 理 士 署 名 押 印	㊞ （電話番号　　　－　　　－　　　）

※税務署処理欄	整理番号			部門番号				
	届出年月日	年　　月　　日		入力処理	年　月　日		台帳整理	年　月　日
	番号確認		身元確認	□ 済 □ 未済	確認書類	個人番号カード／通知カード・運転免許証 その他（　　　　　　）		

注意　1. 裏面の記載要領等に留意の上、記載してください。
　　　2. 税務署処理欄は、記載しないでください。

個人事業者と社会保険関係の手続き

　個人事業をはじめる際には、社会保険関係の各種手続きにも留意する必要があります。

　健康保険と厚生年金保険を合わせて社会保険と呼びますが、社会保険は「使用される人」が被保険者になるというイメージで捉えてください。個人事業主は「使用される人」ではありませんから、社会保険の被保険者にはなれません。1人で事業を展開している個人事業主は健康保険と厚生年金保険の適用対象にならないということになります（個人事業主などを対象とする国民健康保険や国民年金に加入することになります）。

　ただし、事務員・スタッフといった従業員を雇用した場合には話が異なります。個人の事業所の場合、一定の業種（工業や金融業などの16業種）の事業所で、5人以上の従業員（事業主本人は加入できないため、5人の中には含みません）がいる場合、社会保険が適用されます（強制適用事業所といいます）。16業種以外の業種で強制適用事業所に該当しない場合であっても、被保険者となることができる従業員の2分の1以上の同意を得て社会保険に加入することができます。

　社会保険の適用を受ける事務所（事業所）となる場合、それから5日以内に管轄の年金事務所に新規適用届を提出します。また、雇用するスタッフについて被保険者資格取得届を提出し、退職者が出た場合には被保険者資格喪失届を提出します。

　スタッフを雇用する場合、社会保険と同様に、労働保険（雇用保険・労災保険）についても手続きが必要です。

　将来的に、事務所を移転する場合にも、「健康保険・厚生年金保険適用事業所所在地・名称変更（訂正）届（管轄外）」などの届出が必要になるため、どんな場合にどんな手続きが必要になるかについてあらかじめ調べておくとよいでしょう。

第 7 章

確定申告のしくみと
申告書の書き方

確定申告とはどんな制度なのか

自ら所得税を申告して、納付しまたは還付を受ける制度である

確定申告とはどんな制度なのか

　確定申告とは、所得税などを納税者が自ら計算して税額を確定し、税務署に申告することをいいます。

　所得税の確定申告は、毎年2月16日から3月15日の1か月間に所轄の税務署に対して行います。対象になるのは、前年の1月1日から12月31日までの1年間のすべての所得です。1年間の所得は、確定申告によって確定し、そこから算出される所得税額を納付することになります。ただし、源泉徴収によって収入から所得税が天引きされている場合や、予定納税としてあらかじめ所得税を納付している場合があり、そうした場合には、確定した所得税額と納付済みの金額の差額を納付することになります。なお、納付済みの金額のほうが多い場合には、還付を受けることができます。

申告書の作成に必要な書類を集める

　申告書の作成に必要な書類は以下の通りです。

① 　青色申告決算書（青色申告の場合）・収支内訳書（白色申告の場合）

　青色申告をする場合は青色申告決算書を、白色申告の場合には収支内訳書を準備します。青色申告決算書には一般用（通常の事業の場合）・農業所得用・不動産所得用・現金主義用（所得額が少なく、現金のみの取引が多い場合）の4種類があるので、自分の事業や収支の状況に合わせた決算書を準備する必要があります。

② 　所得控除・税額控除を証明する書類

　一定の額を超える医療費を支払ったため、医療費控除を受ける場合

は、医療費の支出を証明する領収証などを準備します。また、国民年金の保険料や国民年金基金の掛金は社会保険料控除の対象になるため、社会保険料控除証明書を準備します。その他、所得控除（生命保険料控除・地震保険料控除・小規模企業共済等掛金控除など）や、税額控除（住宅借入金等特別控除など）にはさまざまな種類があり、これらの控除を受ける場合には、要件に該当することを証明する書類をそれぞれ準備する必要があります。

③　支払調書や源泉徴収票

弁護士報酬、作家の原稿料、講演料など、個人に対する一定の報酬については源泉徴収が行われるため、報酬から源泉徴収されたことを証明する支払調書を準備します。また、給与所得がある場合には給与所得の源泉徴収票、公的年金等の雑所得がある場合は公的年金等の源泉徴収票、退職所得がある場合は退職所得の源泉徴収票を準備します。

■ 確定申告の流れ ・・・

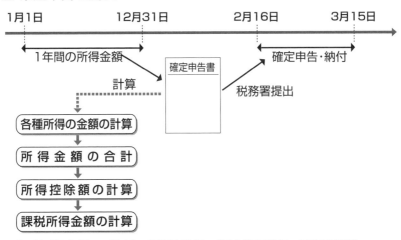

2 申告納税額の計算の手順

課税所得金額に税率を乗じて税額を計算する

▌所得税額を計算する

所得税の計算方法をここで簡単に見ておきましょう。

まず、申告の対象となる1年間の収入金額を計算します。収入とは、商品や製品の売上高や提供したサービスに応じた売上のことです。

次に同じように必要経費の金額を計算します。必要経費とは収入を得るためにかかった経費のことです。たとえば、商品や材料の仕入代金、商品や製品の運搬にかかった運賃やガソリン代など、さまざまな費用が必要経費になります。

収入から必要経費を差し引いた金額を「所得」といいます。所得税は、この所得を基準にして計算を開始することになります。

所得税の具体的な計算方法について、順を追って説明すると以下のようになります。

① 総所得金額を求める

所得の種類は、利子所得・配当所得・事業所得・不動産所得・給与所得・退職所得・譲渡所得・山林所得・一時所得・雑所得の10種類に分類されます。その10種類に分類された所得は、それぞれの所得について、収入金額から差し引く必要経費の範囲や特別控除などが決められていますので、それに従ってそれぞれの所得金額を計算します。

② 所得控除額を計算する

各人の個人的事情などを考慮して設けられている所得控除額を計算します。災害により資産に損害を受けた場合の「雑損控除」、多額の医療費の支出があった場合の「医療費控除」、配偶者や扶養親族がいる場合の「配偶者控除」や「扶養控除」、そして「基礎控除」など、

10種類以上の所得控除が設けられています。

③　課税所得金額を求める

　所得金額から所得控除額を差し引いて課税所得金額（1,000円未満切捨）を求めます。

④　所得税額を算出する

　課税所得金額に税率を掛けて所得税額を計算します。税率は、課税所得金額に応じて5％から45％の7段階に分かれています。なお、平成25年1月から令和19年12月までの所得については、東日本大震災からの復興の施策を実施するために必要な財源の確保を目的として、復興特別所得税が課されることになっており、通常の所得税額の2.1％相当額が一律に加算されることになります。

⑤　所得税額から税額控除額を差し引く

　税額控除には、配当控除や住宅ローン控除などがあります。配当控除とは、配当を受け取った場合や収益を分配された場合に一定の方法により計算した金額を控除するものです。また、ローンを組んで住宅を購入した場合には、ローン残高に応じて一定の金額を控除できます。

⑥　源泉徴収税額や予定納税額を差し引く

　税額控除後の所得税額（年税額）から源泉徴収された税額や前もっ

■　所得税の速算表 ・・・

課税される所得金額		税率	控除額
① 195万円以下		5%	0円
② 195万円超	330万円以下	10%	97,500円
③ 330万円超	695万円以下	20%	427,500円
④ 695万円超	900万円以下	23%	636,000円
⑤ 900万円超	1,800万円以下	33%	1,536,000円
⑥ 1,800万円超	4,000万円以下	40%	2,796,000円
⑦ 4,000万円超		45%	4,796,000円

（注）たとえば「課税される所得金額」が700万円の場合には、求める税額は次のようになります。
　　700万円×0.23−63万6,000円＝97万4,000円

て納付している予定納税額があるときは差し引いて精算します。これで最終的に納める所得税額（100円未満切捨）または還付される所得税額が算出されます。

■ 所得税額の計算方法（総合課税の場合）……………………………

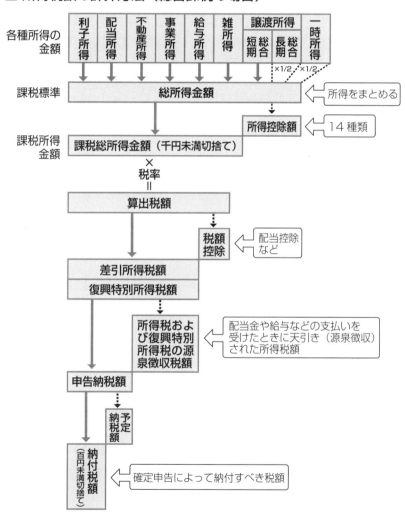

3 所得控除について知っておこう

所得控除には納税者の個々の事情を反映させる役割がある

所得控除とは

　所得税では、労働者保護のための社会政策などを考慮して、以下の①〜⑭の14種類の所得控除が設けられています。

①　雑損控除とは

　災害や盗難、横領などによって、資産について損害を受けた場合に受けることができる一定の金額の所得控除のことです。控除の対象となるための要件としては、申告者または申告者と生計を一にする親族（家族など）で、総所得金額等が令和2年以降では48万円以下（従来は38万円以下）である人が、災害・盗難・横領により、生活に通常必要な住宅、家具、衣類などの資産について損失を受けたことが挙げられます。

　控除額は、次のⓐとⓑのうち、多い金額が控除額となります。

ⓐ　差引損失額−総所得金額等×10%

ⓑ　差引損失額のうち災害関連支出の金額−5万円

②　医療費控除とは

　自分自身や家族のために医療費を支払った場合、一定の金額の所得控除を受けることができます（上限は200万円）。これを医療費控除といいます。医療費控除の対象となる医療費は、納税者が、自分自身または自分と生計を一にする家族のために支払った医療費でなければなりません。また、その年の12月31日までに実際に支払った医療費であることが条件です。対象となる医療費は、ⓐ医師、歯科医師に支払った診療代、ⓑ治療、療養のために薬局で買った医薬品代、ⓒ病院等に支払った入院費、ⓓ治療のためのあんま、はり、きゅうなどの施術費です。

　このような費用につき、年間に支払った医療費の総額（保険金等で

補てんされる金額を除きます）から10万円（総所得金額等が200万円未満の人は総所得金額等の5％）を差し引いた金額が医療費控除額になります。

さらに、健康の保持増進や疾病の予防への取組みの一環として一定の健康診査や予防接種などを行っているときは、前述した医療費控除との選択により、特例として年間12,000円を超える特定一般用医薬品等購入費（ドラッグストアなどの市販薬など）を所得から控除（8万8000円を限度）できるセルフメディケーション税制があります。

③ 社会保険料控除とは

納税者が、自分自身や納税者と生計を一にする配偶者やその他の親族の社会保険料を支払った場合や給与から天引きされた場合に適用される所得控除です。

その年において支払った社会保険料の額と給与などから天引きされた社会保険料の額の全額が控除されます。

④ 小規模企業共済等掛金控除とは

小規模企業共済法が定めている共済契約の掛金や、確定拠出年金法で定められている個人型年金の掛金、心身障害者扶養共済制度の掛金を支払った場合に適用を受けることができます。控除される金額は、納税者がその年に支払った掛金の全額となっています。

⑤ 生命保険料控除とは

生命保険料、介護医療保険料、個人年金保険料を支払った場合に、一定の金額の所得控除を受けることができますが、これを生命保険料控除といいます。

生命保険料控除の限度額は、ⓐ平成24年1月1日以後に締結した保険契約等（新契約）に関する控除、ⓑ平成23年12月31日以前に締結した保険契約等（旧契約）に関する控除、ⓒ新契約と旧契約の双方に加入している場合の控除、を合わせて12万円です。

⑥　**地震保険料控除とは**

　地震保険料控除は、居住用の家屋や生活用の動産について地震が原因で被る損害に備えて支払った保険料や掛金が対象になります。控除額は地震保険料について支払った金額すべてとなっていますが、上限は50,000円です。

⑦　**寄附金控除とは**

　国や地方公共団体、特定公益増進法人などに対し、特定寄附金を支出した場合に、受けることができる所得控除です。その年中に支出した特定寄付金の額が2,000円を超えた場合に寄附金控除の対象となります。控除額の金額は、次のⓐ、ⓑいずれか少ない方の金額から2,000円を差し引いた額が寄付金控除額となります。

ⓐ　その年に支払った特定寄付金の合計額

ⓑ　その年の総所得金額等の40％相当額

⑧　**障害者控除とは**

　納税者本人、または控除の対象となる配偶者や扶養親族が所得税法上の障害者（精神障害者保健福祉手帳の交付を受けている人など）に当てはまる場合に受けることのできる所得控除です。

■ **地震保険料控除の金額** ……………………………………………

ⓐ **地震保険料**

支払った地震保険料	控　除　額
50,000円以下	全額
50,000円超	50,000円

ⓑ **旧長期損害保険料**

支払った損害保険料	控　除　額
10,000円以下	全額
10,000円超　20,000円以下	支払保険料×1/2＋5,000円
20,000円超	15,000円

地震保険料の控除額　＋　旧長期損害保険料の控除額　＝　地震保険料控除額（最高50,000円）

控除できる金額は障害者1人について27万円です。また、特別障害者に該当する場合は40万円になります。

⑨　**寡婦控除・寡夫控除とは**

申告者本人が寡婦（寡夫）である場合に適用され、次の@またはⓑの金額が控除額になります。

@　一般の寡婦（寡夫）：27万円

ⓑ　特定の寡婦（夫と死別または離婚しかつ合計所得金額が500万円以下で、扶養親族となる子がいる者）：35万円

⑩　**勤労学生控除とは**

所得税法上の勤労学生に当てはまる場合に受けられる所得控除のことで、一律27万円です。

⑪　**配偶者控除とは**

納税者に控除対象配偶者がいる場合には、一定の金額の所得控除が受けられます。これを配偶者控除といいます。

控除対象配偶者とは、納税者の配偶者でその納税者と生計を一にする者のうち、年間の合計所得金額が令和2年以降では48万円以下（従来は38万円以下）である人のことです。配偶者控除額は原則38万円ですが、控除対象配偶者が70歳以上の場合、控除額が増額されます（48万円）。

なお、納税者の合計所得金額が900万円以下の場合には、上記の控除が受けられますが、900万円超の場合には段階的に控除額が引き下げられて、1,000万円超になると控除は受けられません。

⑫　**配偶者特別控除**

配偶者の年間合計所得金額が令和2年以降では48万円（従来は38万円）を上回ると、配偶者控除を受けることはできませんが、配偶者の所得金額の程度に応じて一定の金額の所得控除が受けられます。これを配偶者特別控除といいます。配偶者特別控除を受けるためには配偶者の合計所得金額が48万円超133万円以下（従来は38万円超123万円以下）であることが必要です。

⑬　扶養控除

　納税者に扶養親族がいる場合には、一定の金額の所得控除が受けられます。これを扶養控除といいます。扶養親族とは、納税者と生計を一にする配偶者以外の親族、養育を委託された児童、養護を委託された老人で所得金額の合計が38万円以下である人のことです。「生計を一にする」とは、必ずしも同一の家屋で起居していることを要件とするものではありませんから、たとえば、勤務、修学、療養等の都合上別居している場合であっても、余暇には起居を共にすることを常例としている場合（休暇の時には一緒に生活している場合など）や、常に生活費、学資金、医療費等を送金している場合には、「生計を一にする」ものとして取り扱われます。

　扶養控除の金額については下図の通りです。

⑭　基礎控除とは

　基礎控除は、従来は所得の多寡に関わりなく一律38万円でしたが、令和2年以降の所得より、所得金額が2,400万円以下の場合には48万円、2,400万円超の場合には所得金額に応じて32万円、16万円、または0円に低減されます（次ページの図参照）。

■ 配偶者控除・扶養控除の額 ………………………………………

区　　分 (注1)		控除額
配偶者控除	70歳未満　　（一般の控除対象配偶者）	38万円
	70歳以上　　（老人控除対象配偶者）	48万円
扶 養 控 除	16歳以上19歳未満	38万円
	19歳以上23歳未満　（特定扶養親族）	63万円
	23歳以上70歳未満	38万円
	70歳以上　　　　　（老人扶養親族）	48万円
	同居老人扶養親族 (注2)　　の加算	58万円

(注)1　区分の欄に記載している年齢はその年の12月31日現在によります。
　　2　同居老人扶養親族とは、老人扶養親族のうち納税者またはその配偶者の直系尊属で納税者またはその配偶者と常に同居している人をいいます。

所得金額調整控除とは

　令和2年以降では、所得に対して所得金額調整控除という新たな所得控除が新設されました。これは、令和2年以降、給与所得控除額や控除額の上限額が引き下げられたことなどにより設けられたもので、増税となる年収850万円超の納税者を対象に、税負担を少しでも抑えるために、次のいずれかに該当する場合には所得金額調整控除を受けることができます。

・納税者本人が特別障害者である
・特別障害者の同一生計配偶者または扶養親族がいる
・23歳未満の扶養親族がいる

　具体的には、年収が850万円を超えた額に10%を掛けた額（15万円が上限）の所得控除が受けられます。

　この控除は、夫婦ともに給与等の収入金額が850万円を超えており、夫婦の間に1人の年齢23歳未満の扶養親族である子がいるような場合でも、その夫婦いずれもこの控除の適用を受けることができます。つまり、同じ生計内の両者とも適用ができるということです。

　なお、年末調整により所得金額調整控除の適用を受けるには、その年最後に給与等の支払を受ける日の前日までに、給与の支払者に「所得税額調整控除申告書」を提出する必要があります。

■ 基礎控除の額（令和2年以降）……………………………………………

合計所得金額	基礎控除額
2,400万円以下	48万円
2,400万円超2,450万円以下	32万円
2,450万円超2,500万円以下	16万円
2,500万円超	0円

4 申告書の書き方と提出方法

必要書類の準備ができたら第二表・第一表の順に作成する

申告書作成のポイント

　確定申告の申告書にはいくつか種類がありますが、個人事業主の場合は事業所得（営業等）が申告できる確定申告書Ｂを使用します。確定申告書Ｂは、所得金額から最終的に納付する税額を算出する第一表と、第一表の詳細を記入する第二表で構成されています。第二表の内容に基づいて第一表の額が計算されるため、第二表から取りかかると作成しやすいでしょう。準備した書類の該当部分を確認しながら、申告書の欄を１つずつ埋めていきます。

第二表の作成方法

　まず、第二表の該当する項目の欄にそれぞれ記入をします。なお、該当しない項目については、空欄のままにします。

　「所得の内訳」は、源泉徴収が行われた収入がある場合に使用する欄です。支払調書や給与所得の源泉徴収票などを確認し、収入金額と源泉徴収税額を入れていきます。

　「事業専従者に関する事項」は、配偶者などを事業専従者にしている場合に使用する欄です。その際、専従者給与額が、青色申告決算書の専従者給与の内訳と一致することを確認します。

　「雑所得（公的年金等以外）、総合課税の配当所得、譲渡所得、一時所得に関する事項」は、機械などの売却益、生命保険の一時金などがある場合に記入します。それぞれ、明細書などを確認し、収入金額・必要経費等・差引金額を埋めていきます。

　「所得から差し引かれる金額に関する事項」は、所得控除を受ける

場合に使用する欄です。それぞれ該当する欄に、医療費や生命保険料などの実際に支払った金額を記入していきます。ただし、第一表の「所得から差し引かれる金額」の欄には、控除額として計算した金額を記入しますので、ここで支払金額から控除額を算出しておくと、後の作業が円滑に進みます。

「住民税・事業税に関する事項」は、住民税・事業税のうち、所得税と取扱いの異なる部分について記載する欄です。所得税の確定申告をすると、住民税や事業税の申告は原則不要になりますが、所得税の計算には関係しない事由が、住民税や事業税の計算においては必要になることがあります。たとえば、所得税の扶養控除の対象は16歳以上ですが、住民税の非課税限度額では16歳未満の扶養親族の人数も計算の対象になるため、確定申告において同時に申告します。

■ 第二表への転記 ･･

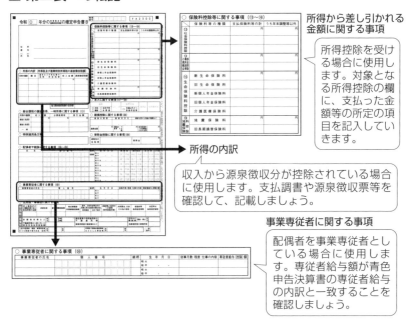

所得から差し引かれる金額に関する事項

所得控除を受ける場合に使用します。対象となる所得控除の欄に、支払った金額等の所定の項目を記入していきます。

所得の内訳

収入から源泉徴収分が控除されている場合に使用します。支払調書や源泉徴収票等を確認して、記載しましょう。

事業専従者に関する事項

配偶者を事業専従者としている場合に使用します。専従者給与額が青色申告決算書の専従者給与の内訳と一致することを確認しましょう。

第一表の作成方法

第二表の完成後、次に第一表を作成します。第一表は、青色申告決算書（白色申告の場合は収支内訳書）や第二表などから該当する数字を転記して作成します。

「収入金額等」には、1年間にどれだけの収入があったかを種類別に記入します。青色申告決算書（一般用）を準備した場合は、損益計算書の「売上（収入）金額」を、「事業（営業等）」の欄に転記します。その他に収入がある場合には、第二表の「所得の内訳」の「収入金額」等と照らし合わせて記入をします。

「所得金額」は、収入から必要経費を差し引いた金額を、種類別に記入する欄です。青色申告決算書（一般用）の損益計算書の「所得金額」を「事業（営業等）」の欄に転記します。その他の所得がある場合には、源泉徴収票や支払通知書などから転記し、合計を記入します。

「所得から差し引かれる金額」とは、所得控除を受ける場合に記入する欄です。第二表「所得から差し引かれる金額に関する事項」を記

■ 第一表への転記 ・・

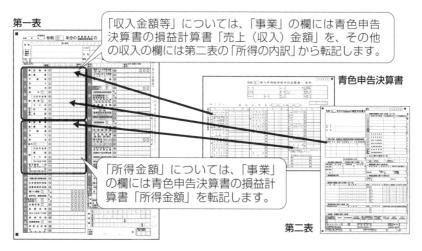

第一表

「収入金額等」については、「事業」の欄には青色申告決算書の損益計算書「売上（収入）金額」を、その他の収入の欄には第二表の「所得の内訳」から転記します。

青色申告決算書

「所得金額」については、「事業」の欄には青色申告決算書の損益計算書「所得金額」を転記します。

第二表

入した際に計算しておいた控除額を該当箇所に記入していきます。

　基礎控除の記入後、最後に下の欄に合計を記入します。

　「税金の計算」の欄には、所得控除後の課税される所得金額や、所得税の速算表から算出した所得税額を記入します。また、税額控除を受ける場合にはその控除額、源泉徴収されている場合にはその額などを記入し、最終的に納める税金または還付される税金の額を記入します。

　なお、「その他」の欄には、専従者給与（控除）額の合計額や青色申告特別控除額など、所得金額の計算上重要な事項などを記入します。また、「延納の届出」は延納をする場合に、「還付される税金の受取場所」は還付を受ける場合に記入します。

▍申告書の提出と納付・還付の方法

　確定申告書の完成後、添付書類をつけて申告書の提出をし、税額を納付します。申告書の提出方法は、税務署窓口への提出、郵送で送付、e-Taxによる電子申告の3つがあります。

　また、納付は納付書によって税務署や金融機関で行います。納付の期限は、申告書の提出期限と同じく3月15日（3月15日が土日祝の場合はその翌日）です。ただし、振替納税（金融機関を利用して自動的に申告税額を納付する制度）を利用した場合、振替日は4月20日頃になります。延納の制度を利用し、所得税額の2分の1以上の金額を申告期限までに納付すると、残りの税額の納付期限を5月31日まで延長できます。期限までに申告・納付をしないときは、無申告加算税や延滞税といった罰金的な税金が課されますので、必ず期限までに申告・納付することが大切です。

　一方、申告した所得税額が、納付済の額より少ない場合には、超過納付分の還付を受けることができます。還付は、指定した金融機関口座への振込みで行われます。

書式　所得税確定申告書Ｂ（第一表）

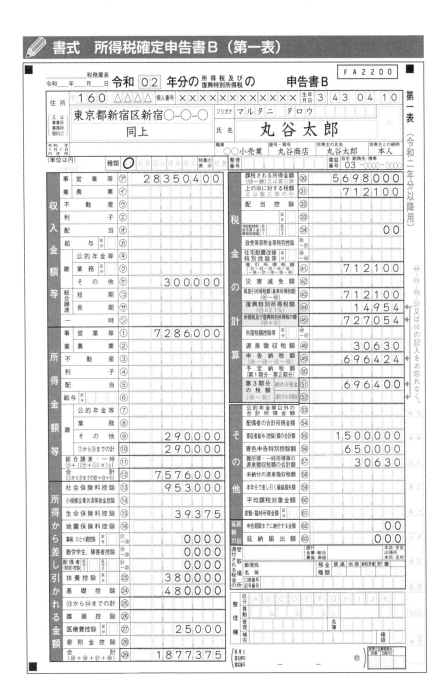

書式　所得税確定申告書B（第二表）

整理番号 | FA2300

令和 02 年分の所得税及び復興特別所得税の確定申告書B

第二表（令和二年分以降用）

住所 屋号	東京都新宿区新宿○-○-○ 丸谷商店
フリガナ 氏名	マルタニ　タロウ 丸谷太郎

○ 所得の内訳（所得税及び復興特別所得税の源泉徴収税額）

所得の種類	種目	給与などの支払者の名称・所在地等	収入金額	源泉徴収税額
雑	原稿料	○○出版株式会社	300,000円	30,630円

㊽ 源泉徴収税額の合計額	30,630円

○ 総合課税の譲渡所得、一時所得に関する事項（⑪）

所得の種類	収入金額	必要経費等	差引金額
譲渡（短期）	円	円	円
譲渡（長期）			
一時			

○ 特例適用条文等

○ 保険料控除等に関する事項（⑬～⑯）

	保険料等の種類	支払保険料等の計	うち年末調整等以外
⑬ 社会保険料控除	国民年金	435,500円	円
	国民健康保険	517,500	
⑭ 小規模企業共済等掛金控除		円	円
⑮ 生命保険料控除	新生命保険料	円	円
	旧生命保険料	57,500	
	新個人年金保険料		
	旧個人年金保険料		
	介護医療保険料		
⑯ 地震保険料控除	地震保険料	円	円
	旧長期損害保険料		

○ 本人に関する事項（⑰～⑳）

寡婦	ひとり親	勤労学生	障害者	特別障害者
☐ 死別　☐ 生死不明 ☐ 離婚　☐ 未帰還		☐ 年調以外かつ専修学校等		

○ 雑損控除に関する事項（㉖）

損害の原因		損害年月日		損害を受けた資産の種類など	
		・　・			
損害金額	円	保険金などで補塡される金額	円	差引損失額のうち災害関連支出の金額	円

○ 寄附金控除に関する事項（㉘）

寄附先の名称等		寄附金	円

○ 配偶者や親族に関する事項（⑳～㉓）

氏名	個人番号	続柄	生年月日	障害者	国外居住	住民税	その他
		配偶者	明・大 昭・平　・　・	障　特障	国外　年調	同一　別居	調整
			明・大 昭・平・令　・　・	障　特障	国外　年調	16　別居	調整
			明・大 昭・平・令　・　・	障　特障	国外　年調	16　別居	調整
			明・大 昭・平・令　・　・	障　特障	国外　年調	16　別居	調整
			明・大 昭・平・令　・　・	障　特障	国外　年調	16　別居	調整
			明・大 昭・平・令　・　・	障　特障	国外　年調	16　別居	調整

○ 事業専従者に関する事項（(55)）

事業専従者の氏名	個人番号	続柄	生年月日	従事月数・程度・仕事の内容	専従者給与（控除）額
丸谷　明子	×××××××××××××	妻	明・大・(昭)・平 45.4.5	12月	1,500,000円
			明・大・昭・平　・　・		

○ 住民税・事業税に関する事項

住民税	非上場株式の少額配当等を含む配当所得の金額	非居住者	配当割額控除額	株式等譲渡所得割額控除額	給与、公的年金等以外の所得に係る住民税の徴収方法：特別徴収	給与、公的年金等以外の所得に係る住民税の徴収方法：自分で納付	都道府県、市区町村への寄附（特例控除対象）	共同募金、日赤その他の寄附	都道府県条例指定寄附	市区町村条例指定寄附
	円	円	円	円			円	円	円	円

事業税							
非課税所得など	番号		所得金額	円	損益通算の特例適用前の不動産所得	円	前年中の開（廃）業　開始・廃止　月日
不動産所得から差し引いた青色申告特別控除額					事業用資産の譲渡損失など		他都道府県の事務所等

上記の配偶者・親族・事業専従者のうち別居の者の氏名・住所	氏名		住所		所得税で控除対象配偶者などとした専従者	氏名		給与	円	一連番号	

○第二表は、第一表と一緒に提出してください。○国民年金保険料や生命保険料の支払証明書など申告書に添付しなければならない書類は添付書類台紙などに貼ってください。

Column

小規模企業共済への加入を検討する

　小規模企業共済制度は、小規模で事業を営む個人事業主や会社の役員などに退職金にかわる金銭を支給する制度です。個人事業主や会社の役員が月々掛金を掛けることによって、廃業時や退職時に掛金額と掛けた期間に応じた共済金を受け取ることができます。

　かつては個人事業主本人しか小規模企業共済制度へ加入することができませんでしたが、現在では、一事業主につき2名まで共同経営者も小規模企業共済制度に加入することができます。

　小規模企業共済は、独立行政法人の中小企業基盤整備機構が運営しています。運営は国からの交付金によって行われており、経営は安定しているといえるでしょう。月々の掛金は1000円から7万円の範囲内で、500円単位で選ぶことができますので、自分の収入に応じて無理なく支払うことができます。

　また、掛金に関しては確定申告の際に「小規模企業共済等掛金控除」として所得控除を受けることができます。

　この他、一定の条件を満たす場合は納付した掛金合計の範囲内で貸付を受けることができるといったメリットもあります。

　この共済制度に加入できるのは、常時使用する従業員が20人以下（商業・サービス業では5人以下）の個人事業主や役員などです。この他、同規模の企業組合や協同組合の役員、常時使用する従業員が5人以下の士業法人（弁護士法人、税理士法人など）の社員なども加入することができます。

　加入を希望する際には、金融機関などで加入申込書を入手して必要事項を記載し、申込金と提出書類を添えて金融機関か委託団体に提出します。中小企業基盤整備機構の審査の結果、加入が認められれば共済手帳などが送付されます。

【監修者紹介】
武田 守（たけだ まもる）

1974年生まれ。東京都出身。公認会計士・税理士。慶應義塾大学卒業後、中央青山監査法人、太陽有限責任監査法人、東証1部上場会社勤務等を経て、現在は武田公認会計士・税理士事務所代表。監査法人では金融商品取引法監査、会社法監査の他、株式上場準備会社向けのIPOコンサルティング業務、上場会社等では税金計算・申告実務に従事。会社の決算業務の流れを、監査などの会社外部の視点と、会社組織としての会社内部の視点という2つの側面から経験しているため、財務会計や税務に関する専門的なアドバイスだけでなく、これらを取り巻く決算体制の構築や経営管理のための実務に有用なサービスを提供している。

著作として『株式上場準備の実務』（中央経済社、共著）、『入門図解 会社の税金【法人税・消費税】しくみと手続き』『不動産税金【売買・賃貸・相続】の知識』『入門図解 消費税のしくみと申告書の書き方』『入門図解 会社の終わらせ方・譲り方【解散清算・事業承継・M&A】の法律と手続き実践マニュアル』『図解で早わかり 会計の基本と実務』（小社刊）がある。

すぐに役立つ
最新 はじめての人でも大丈夫！
個人開業・青色申告の基本と手続き 実践マニュアル

2020年11月30日 第1刷発行

監修者	武田守
発行者	前田俊秀
発行所	株式会社三修社
	〒150-0001 東京都渋谷区神宮前2-2-22
	TEL 03-3405-4511 FAX 03-3405-4522
	振替 00190-9-72758
	http://www.sanshusha.co.jp
	編集担当 北村英治
印刷所	萩原印刷株式会社
製本所	牧製本印刷株式会社

©2020 M. Takeda Printed in Japan
ISBN978-4-384-04856-8 C2032